Max Meer

Ein Jahr im schlimmsten Startup der Welt

Für meine Freundin, Eltern, Freunde und alle die mich in dieser schweren Zeit so unterstützt haben.

Max Meer

Ein Jahr im schlimmsten Startup der Welt

Wie Napoleon mich fast in den Wahnsinn trieb

© 2018 Max Meer

Herstellung und Verlag:
BoD – Books on Demand, Norderstedt

ISBN: 978-3-7460-4640-2

Inhaltsverzeichnis

Prolog

An diesem Tag wachte ich ziemlich früh auf, lag in meinem Bett und die Gedanken schwirrten nur so durch meinen Kopf. Eigentlich war ich bereits ausgeschlafen und fühlte mich nach langer Zeit wieder einmal so richtig gut. War ich nun soweit, mein Buch-Projekt zu starten? Mit dem Gedanken geliebäugelt hatte ich ja schon lange, in den letzten Monaten fehlte mir aber einfach der Antrieb. Zeit für dieses Projekt hatte ich hingegen genug und so holte ich das MacBook hervor und schrieb die ersten Zeilen meines Buches.

Der Titel meines Werkes stand, wenn auch nur in meinem Kopf, bereits länger fest. Zugegeben - „Ein Jahr im schlimmsten Startup der Welt" ist ziemlich dick aufgetragen - entspricht aus meiner Sicht aber durchaus der Realität. War dieses Jahr doch die traumatisierendste Berufserfahrung, die ich mir je hätte vorstellen können. In den Unmengen an Literatur über Startups findet man viele Ratschläge, Tipps und Tricks für den Aufbau solcher Unternehmen. Einblicke in die Gedanken und Erlebnisse eines Insiders sucht man jedoch vergebens. Noch nie zuvor hatte ich ein Buch gelesen, in dem von ähnlichen Erfahrungen berichtet wurde, wie ich sie gemacht hatte.

Eine der Triebfedern für dieses Buch war es daher, endlich ehrliche Einblicke in die internen Abläufe eines Startups zu geben. Man kann sich als Außenstehender gar nicht vorstellen, wie es dort wirklich abläuft, denn in Berichten wird meist nur die schöne heile Startup-Welt dargestellt. Das zweite Motiv lag in der Verarbeitung meiner persönlichen Erfahrungen, die ich in den Monaten zuvor in diesem Unternehmen gemacht hatte. Diese Zeit belastete mich so stark, dass ich das Erlebte einfach aufschreiben und verarbeiten musste. In diesem bisher intensivsten Jahr meines Lebens, waren Dinge passiert, die ich davor nicht für möglich gehalten hätte. Viele meiner Erfahrungen sind leider keine Positiven. Doch gerade aus diesen schwierigen Erlebnissen konnte ich wertvolle Erkenntnisse für mein weiteres Leben gewinnen. Mit diesem Werk möchte ich niemandem Schaden zufügen. Alle handelnden Personen wurden anonymisiert und auch der Name des betreffenden Startups wird nicht genannt, da ich viel Energie und Zeit investiert habe und keinen negativen Einfluss auf die Entwicklung des Unternehmens nehmen möchte. Nur tatsächliche Erlebnisse werden wiedergegeben.

Mit meinen damals 32 Jahren - ich bin Jahrgang 1983 - war ich der älteste im Gründungsteam des Startups und hatte die längste Berufserfahrung von allen vorzuweisen. Ich zähle nicht zu den brillantesten Programmierern, habe aber ein sehr gutes Verständnis für Software-Architektur und IT. Außerdem besitze ich gute allgemeine wirtschaftliche Kenntnisse, was man von einem „Tekkie" nicht unbedingt erwarten würde. Die Geschehnisse werden weitgehend in chronologischer Abfolge dargestellt und in tagebuchähnlicher Form beschrieben. Jedes Kapitel umfasst ungefähr einen Monat. Zum größten Teil entstand dieses Buch direkt aus dem Gedächtnis. Nachdem ich – noch während meiner Zeit im Startup - jeden Abend meiner Freundin von den Geschehnissen des Tages berichtet hatte, waren die Erinnerungen daran noch sehr präsent. Rückblickend war ich jedoch selbst erstaunt, wie viele Details ich mir gemerkt hatte. Tatsächlich musste ich mich zügeln, da mir noch unzählige weitere Begebenheiten eingefallen wären. Manche Erinnerungen waren noch so präsent, als ob sie gerade gestern erst passiert wären. Als Gedächtnisstütze verwendete ich zusätzlich alte E-Mails und Chat-Protokolle aus der betroffenen Zeit. Da ich bei der Entstehung dieses Buches nicht mehr aktiv im Unternehmen tätig war, konnte ich leider nicht mehr auf alle relevanten Aufzeichnungen zugreifen.

Dieses Werk beinhaltet einige Begriffe und Erläuterungen aus dem IT-Bereich. Ich habe darauf geachtet, diese möglichst einfach und kurz zu halten, um dich nicht zu langweilen. Genauere Beschreibungen gewisser Sachverhalte und Prozesse findest du im Anhang. Damit meine Erfahrungen und Erlebnisse als „CTO" aber wirklich nachvollziehbar werden, musste ich das eine oder andere Mal etwas ins Detail gehen. Mit diesem Buch möchte ich niemanden davon abhalten, in Zukunft ein Unternehmen zu gründen. Ganz im Gegenteil: Es braucht ambitionierte Menschen mit spannenden Ideen, die auch den Mut haben, etwas anzupacken. Meine Geschichte soll zum Nachdenken anregen und dem ein oder anderen ermöglichen, aus einigen meiner Fehler zu lernen und daraus Schlüsse für sein eigenes Handeln abzuleiten.

In diesem Sinne wünsche ich viel Vergnügen beim Lesen meiner Geschichte.

Der erste Kontakt

Dienstag, 07.04.2015

An diesem Tag hing ich ziemlich antriebslos in meiner Wohnung herum und surfte im Internet. Trotz gutem Wetter konnte ich mich zu keiner vernünftigen Aktivität aufraffen, war unmotiviert - wie schon während der letzten paar Wochen und von meinen letzten Fehlschlägen frustriert. Ich hatte keinen Plan was ich als nächstes machen sollte. Wieder als Freelancer an langweiligen Kundenprojekten arbeiten, wie schon in den Jahren zuvor? Nein, darauf hatte ich nun wirklich keine Lust. Ich war auf der Suche nach einer echten Herausforderung. Also diente die Website meetup.com meiner kurzfristigen Zerstreuung. Nachdem ich auch hier ohne großen Fokus herumgeklickt hatte, stieß ich zufällig auf eine Veranstaltung direkt in meiner Nähe. Na wenn das mal kein Zeichen ist, dachte ich. Es ging um Unternehmensgründung, war also thematisch schon mal nicht verkehrt. Das Meetup sollte am Ostbahnhof bei Immobilien Scout stattfinden. Ich wohnte damals an der Jannowitzbrücke in Berlin Mitte, nur eine S-Bahn-Station entfernt. Also gab ich mir einen Ruck und ging spontan und ohne mich anzumelden zu dieser Veranstaltung[1].

Meine geringen Erwartungen wurden prompt erfüllt - das Meetup war eher von der lahmen Sorte. Am Ende der Veranstaltung aber sah ich ihn: Napoleon! Zu diesem Zeitpunkt hätte ich mich einfach umdrehen sollen. Ich hätte den Blickkontakt abbrechen und mit dem nächstbesten Möchtegern-Gründer sprechen können. Wahrscheinlich wäre dann vieles anders gekommen und ich hätte nicht das härteste Jahr meines bisherigen Arbeitslebens im schlimmsten Startup der Welt zugebracht. Napoleon wirkte von Anfang an ziemlich hektisch und gestresst auf mich und ich hatte den Eindruck, sein Interesse galt nicht der Veranstaltung, sondern alleinig der Suche nach Mitarbeitern für sein Vorhaben. Im Gespräch erfuhr ich gleich, dass er für sein Startup ziemlich zeitnah einen CTO suchte und er fragte mich auch sofort, ob ich Zeit hätte. Kein Gerede um den heißen Brei also. Was für ein Zufall! Ich hatte Zeit und war auf der Suche nach einer neuen Herausforderung im Startup-Bereich. Aufgrund des hohen Lärmpegels auf der Veranstaltung, verabredeten wir uns gleich für den nächsten Tag, um uns in Ruhe zu unterhalten. Erst dann wollte Napoleon mir verraten, worum es bei seiner Geschäftsidee eigentlich ging. Nur so viel gab er vorab preis: Es sollte die „Mega-Idee" sein - also das neue große Ding! Schon nach diesem ersten Gespräch war mir Napoleon nicht sonderlich sympathisch. Ich konnte allerdings nicht genau benennen warum, da er einen recht freundlichen Eindruck machte. Zeit hatte ich und es schadete ja nicht, sich eine weitere Geschäftsidee anzuhören. Erst recht nicht, wenn es wirklich der große Wurf sein könnte. Mein Interesse war jedenfalls geweckt - das war jetzt genau das Richtige für mich. Meine Erfahrungen mit all den sympathischen Zeitgenossen der letzten Monate waren schließlich auch nicht von Erfolg gekrönt gewesen. Es war entschieden: Ich wollte Napoleon treffen. Mein zweiter Schritt in Richtung Unglück stand damit kurz bevor...

Am nächsten Tag traf ich ihn in einem der typischen, unpersönlichen Hipster-Cafés in Berlin Mitte wieder, wie man sie an jeder Ecke findet. Napoleon erzählte mir gleich, dass er schon bei Rocket Internet gearbeitet hatte und deshalb über ein großes Gründernetzwerk verfügen würde. Außerdem war er zuvor bereits in London als Investmentbanker tätig gewesen. Als er mir anschließend völlig euphorisiert über sein Startup berichtete, merkte ich sofort, dass die Idee Potential hatte. Wenn dieses Geschäftsmodell aufgehen würde, könnte es den ganzen E-Commerce Markt durcheinanderwirbeln. Trotz seiner ekstatischen Darbietung, blieben für mich aber noch einige Fragezeichen bestehen. Schon mehrmals hatte ich die Erfahrung gemacht, dass ein Gründer mir mit glänzenden Augen von seinem Vorhaben berichtete und absolut davon überzeugt war, dass er die genialste Idee hatte und diese - über jeden Zweifel erhaben - ein Erfolg sein würde. Die Gefahr, in solchen Situationen einen Tunnelblick zu entwickeln und keine Argumente mehr an sich heran zu lassen, die das eigene „Baby" in irgendeiner Form hinterfragen, ist groß. Diese Haltung wird auch als „over-optimistic" bezeichnet. Oft nehmen Gründer auch jede kritische Äußerung persönlich, denn sie sind zu 100% von ihrer Sache überzeugt - sonst würden sie diese ja auch nicht mit so viel Herzblut verfolgen.

Eine Idee, mit der sich das Gegenüber schon viele Stunden intensiv beschäftigt hat, in kürzester Zeit zu erfassen und zu bewerten, ist nahezu unmöglich. In meinem Gehirn fing es daher gleich an zu rattern und ich überlegte, ob dieses Geschäftsmodell tatsächlich funktionieren könnte. Das zugrunde liegende Prinzip ist recht einfach erklärt: Elektronik-Produkte sollten in Zukunft nicht mehr online verkauft, sondern vermietet werden. Der Clou an der Sache war, dass der Kunde ein Produkt auf Monatsbasis leihen und einfach wieder zurückschicken könnte, sobald er es nicht mehr benötigte. Auch die Bezahlung sollte monatlich im Voraus erfolgen. Zu Beginn sollten Produkte wie Smartphones, Tablets, Kameras, Videospiele-Konsolen und Smartwatches verfügbar sein. Später würde man alle möglichen Elektronik-Produkte ausleihen können. Laut Napoleons Aussage, wäre das Offline-Mietgeschäft ein großer Markt in den USA. Online-Mietplattformen gäbe es aber bisher nur auf Tagesbasis mit viel zu hohen Preisen. Wir hätten also am Anfang keine Konkurrenz zu fürchten und würden die Ersten auf dem Markt sein. Wenn dies tatsächlich der Realität entsprach, hätten wir den „First mover advantage"[2] auf unserer Seite und die Sache würde noch zusätzlich an Reiz gewinnen. Allerdings muss man bei der Erschließung eines neuen Marktes viel Pionierarbeit leisten und ebnet den Weg für erste Nachahmer. Die Geschäftsidee kam Napoleon bei seinem Umzug von London nach Berlin in den Sinn. Am liebsten hätte er seine Möbel einfach nur gemietet, um diese dann flexibel beim Umzug wieder zurückzugeben. Dieses Prinzip übertrug Napoleon nun auf die Elektronik-Branche.

Er hatte bereits ein ägyptisches Unternehmen damit beauftragt, die erste Version des E-Commerce Shops, basierend auf SpreeCommerce[3] und Ruby on Rails[4], zu entwickeln. Er brauchte nun schnell einen CTO, der die Betreuung und Weiterentwicklung der Software übernehmen konnte. Ich hatte zwar keinerlei Erfahrung mit Ruby on Rails, kannte aber die hinter diesem Framework stehenden Konzepte[5]. Nach ein bis zwei Wochen Einarbeitungszeit sollte es kein Problem mehr sein, die Entwicklung fortzuführen, was ich Napoleon auch genauso mitteilte. Kaum zurück in meiner Wohnung, landete auch schon die erste E-Mail von Napoleon in meiner Inbox. Und da wir uns bereits „so lange" nicht gesehen hatten, rief er mich auch gleich noch an. Napoleon erzählte mir ganz aufgeregt, ich solle bis zum Freitag - also in 2 Tagen - ein Minimum Viable Product[6] (MVP) bauen und veröffentlichen, mit dem man die Apple Watch ausleihen kann. Seine Aussage dazu war nur: "Das wird huge!" Spätestens an dieser Stelle hätten erste Bedenken in Bezug auf Napoleons Seriosität bei mir aufkommen müssen. Natürlich ist es immer eine gute Idee, auszuprobieren, ob ein Geschäftsmodell funktioniert. Wenn das aber bedeutet, eine vollständige Online-Shop-Anbindung mit einer angepassten Benutzeroberfläche zu programmieren, ist man deutlich über sein Ziel hinausgeschossen. Der Begriff des Minimum Viable Product kommt aus der Lean Startup-Bewegung[7]. Es unterstützt Gründer dabei, die Ideen und Hypothesen frühzeitig am Markt zu testen, um Fehlentwicklungen zu vermeiden. Das Ziel besteht darin, den besten Product/Market Fit[8] zu erreichen, indem man schnellstmöglich die Geschäftsidee in einem MVP umsetzt, dieses immer wieder am Markt testet und anhand des Kundenfeedbacks weiterentwickelt und verbessert.

Um das Marktpotential einer Geschäftsidee zu prüfen, genügen oft simple Tests. In diesem Fall hätte eine Landing-Page mit einem Bestellbutton, welcher mit Google Analytics getrackt wird, völlig ausgereicht. Anhand der Klicks hätte man das Interesse am Geschäftsmodell gut beurteilen können, ohne gleich die komplette Bestellabwicklung zu implementieren. Was Napoleon da von mir gefordert hatte, war kein MVP, sondern bereits das komplette Endprodukt. Wahrscheinlich hatte er den Begriff einfach irgendwo aufgeschnappt, ohne richtig zu verstehen, was das Sinn eines MVP ist. Für den Lean Startup-Ansatz war Napoleon auf jeden Fall nicht zu begeistern. Alles oder nichts war seine Devise.

Ich musste nun damit klarkommen, für Napoleon die Anpassung eines kompletten Shopsystems vorzunehmen. Von meinem Vorsatz, nur noch nach dem Lean Startup-Prinzip zu gründen, konnte ich mich damit wohl verabschieden. Napoleon hatte zwar schon einen Standard WooCommerce-Shop[9] auf Basis von WordPress[10] aufgesetzt, mit allen Änderungen, die er noch haben wollte, war das in zwei Tagen aber nicht zu schaffen. Man darf nicht vergessen, ich kannte Napoleon zu diesem Zeitpunkt ziemlich genau 24 Stunden. Erst wenige Stunden zuvor hatte ich zum ersten Mal von seiner revolutionären Idee gehört und musste mir dringend ein paar grundsätzliche Gedanken über das Geschäftsmodell machen. Außerdem wollte ich keine weitere Zeit in dieses Projekt investieren, bevor elementare Punkte, wie die Verteilung der Unternehmensanteile, nicht geregelt waren. Auch das Pitchdeck[11], welches Napoleon mir zukommen lassen wollte, hatte ich noch immer nicht zu Gesicht bekommen. Schließlich erhielt ich die Präsentation doch noch am selben Tag und konnte Napoleon davon überzeugen, einen Gang zurück zu schalten und das E-Commerce System ordentlich aufzusetzen. Ich hätte mich aber an dieser Stelle bereits fragen müssen, ob es wirklich Sinn macht, mit jemandem auf diese Art und Weise zusammenzuarbeiten.

Montag, 13.04.2015
An diesem Tag trafen wir uns bei Starbucks am Hackeschen Markt, um

die Rahmenbedingungen unserer Zusammenarbeit zu definieren. Da ich Hunger hatte, wechselten wir später noch zu einem asiatischen Fastfood-Laden. Napoleon schleppte schon die ganze Zeit eine leere Pfandflasche mit sich herum und ich fragte mich bereits, warum er sie nicht einfach irgendwo an einem Mülleimer für den nächsten Obdachlosen abstellte - alle in Berlin machten das so. Aber nein, weit gefehlt. Napoleon war der festen Überzeugung, beim Asiaten den ihm zustehenden Flaschenpfand zu ergattern. Als dieser jedoch die Rücknahme der Flasche bedauernd ablehnte, haderte Napoleon mit der Ungerechtigkeit des Pfandsystems. Überall müsse man Pfand zahlen aber nirgends bekomme man diesen wieder zurück. Meinen Hinweis zur gängigen Praxis in Berlin - Flasche neben Mülleimer - ignorierte er dagegen gekonnt.

Nun ging es ans Eingemachte. Nachdem Napoleon als Banker gearbeitet hatte, vermutete ich bereits, dass er ein knallharter Verhandler sein würde, aber die Art wie er mich gedrückt hat schockierte mich dann doch gewaltig. Die Anteile, über die wir verhandelten, waren zu diesem Zeitpunkt ja noch keinen Pfifferling wert. Bereits im Vorfeld hatte ich mir als unterstes Limit 5% an Unternehmensanteilen gesetzt, die meine Schmerzgrenze sein sollten. Für einen CTO ist dieser Prozentsatz durchaus üblich, da ich mich aber viel mehr als Mitgründer sah, waren 5% schon das absolute Minimum. Man musste auch mit in Betracht ziehen, dass das Startup - ganz ohne erprobtes Geschäftsmodell - noch völlig am Anfang stand und das Risiko eines Scheiterns sehr hoch war. Zudem sollte ich, bis eine Finanzierung gesichert war, ohne Gehalt oder sonstige Vergütung arbeiten.

Napoleon hielt mit dem Argument dagegen, dass der E-Commerce Shop durch das ägyptische Unternehmen schon fast fertig programmiert sei. Außerdem war von einem zweiten Co-Founder die Rede, der auch noch Anteile erhalten sollte. An dessen Existenz zweifle ich aber bis heute, da ich ihn nie zu Gesicht bekommen habe. Zu diesem Zeitpunkt von Napoleon und seiner Idee begeistert, ließ ich mich letztendlich auf den Deal mit 5% Unternehmensanteilen ein, da ich unbedingt Teil seines Startups werden wollte. Mein Motto aus den Erfahrungen der vergangenen Monate war damals, lieber einen kleinen Anteil von etwas Großem zu bekommen, als einen großen Anteil von nichts. Ohne meine persönliche Untergrenze wäre ich wahrscheinlich mit noch weniger Anteilen nach Hause gegangen. Wir vereinbarten, dass ich einen Prototyp erstelle und wenn dieser Napoleons Vorstellungen entsprach, einer weiteren Zusammenarbeit nichts mehr im Wege stand. Diese Vorgehensweise erschien mir nur fair, da er bisher noch keinen Einblick in meine Programmierfähigkeiten bekommen hatte.

Noch am selben Abend schickte mir Napoleon eine Vertraulichkeitsvereinbarung (NDA[12]) zur Unterzeichnung. Mit der Erstellung des Prototyps konnte ich also beginnen. Ich startete, basierend auf der WooCommerce Installation und passte die einzelnen Seiten nach den Designvorlagen an, die er mir gesendet hatte. Die Vorlagen waren ganz OK, aber lange nicht so atemberaubend, wie Napoleon mir vorgeschwärmt hatte. Vorbild dafür sollte ja angeblich Netflix sein. Die nächsten beiden Wochen arbeitete ich halbtags an der Umsetzung. Offene Fragen zum Prototypen klärten wir über Skype. Da ich noch keine Erfahrung mit diesem E-Commerce System gesammelt hatte, musste ich zuerst die Funktionsweise von WooCommerce verstehen. Nach ein paar Tagen hatte ich mich soweit rein gefummelt, dass ich wusste, wie das Online-Shop System aufgebaut war. Zwischenzeitlich wollte ich mich noch einmal mit Napoleon treffen, um ihm den aktuellen Entwicklungsstand zu präsentieren und offene Punkte zu besprechen. Daran hatte dieser aber augenscheinlich kein großes Interesse und mir kamen Zweifel, ob er wirklich ernsthaft an einer Zusammenarbeit interessiert war. Mit gemischten Gefühlen programmierte ich also weiter und hatte nach zweieinhalb Wochen eine vorzeigbare Version des Prototyps geschaffen, die ich Napoleon über eine Web-Demo zeigte. Der Entwicklungsstand war bei ca. 80% und es fehlte noch die eine oder andere Funktionalität, sowie der Feinschliff für einen tatsächlichen Release.

Donnerstag, 30.04.2015
In einem längeren Skype-Gespräch kamen wir schließlich zu dem Entschluss, weiter zusammen zu arbeiten. Ich hatte es geschafft - der Prototyp schien Napoleon zu gefallen und er schien von meinen Fähigkeiten überzeugt. Meine Zweifel an seinen Absichten waren ausgeräumt und ich war zufrieden - ein erster Schritt war getan. Endlich würde ich wieder in einem richtigen Startup arbeiten! In den darauffolgenden Tagen wollte mir Napoleon eine schriftliche Vereinbarung über unsere Zusammenarbeit zukommen lassen, damit wir richtig loslegen konnten. Meine Motivation war wieder da und ich steckte meine ganze Energie in die Weiterentwicklung des Prototyps.

Montag, 04.05.2015

Gespannt wartete ich auf die nächste Nachricht von Napoleon, die wie versprochen wenige Tage später eintraf. Der Betreff der E-Mail lautete "Strictly Confidential, Do NOT FORWARD" und ich war etwas irritiert. Was an unserer Vereinbarung sollte so geheim sein, dass niemand anderes es sehen durfte? Ich für meinen Teil hatte nichts zu verbergen. Die Hauptbestandteile der Vereinbarung waren folgende: Ich würde Anspruch auf 5% der Anteile haben und diese im Rahmen eines Virtual Founder Stock Option Planes erhalten. Das Vesting[13] sollte sich über 4 Jahre verteilen. Damit ist gemeint, dass der Anspruch auf meine Anteile über die nächsten 4 Jahre schrittweise entstehen würde. 50% der Anteile sollte ich erst nach dem Exit erhalten. Außerdem würde es ein Cliff[14] geben, das bei 12 Monaten liegen sollte. Erst danach würde das Vesting starten und die Anteile nach und nach in meinen Besitz übergehen. Als Vertragsbeginn war der 05.05.2015 festgelegt. Darüber hinaus sollte ich, solange ich nicht fest angestellt war, als Freelancer bzw. Berater ohne Entgelt für das Unternehmen arbeiten. Zu guter Letzt könnte diese Vereinbarung von beiden Seiten jederzeit gekündigt werden.

Das ganze Dokument war natürlich in Englisch verfasst und ich musste mir erst einmal darüber klar werden, was die Punkte im Einzelnen für mich bedeuten würden. Ein solches Dokument müsste im Ernstfall für ein deutsches Gericht komplett übersetzt werden. Napoleon glaubte sicher, ich hätte von diesen Dingen keine Ahnung und er könne mich mit komplexen, englischen Fachbegriffen einschüchtern. Der Passus, dass die Vereinbarung von beiden Seiten jederzeit gekündigt werden könnte, war für mich nicht akzeptabel. Sollte Napoleon mich innerhalb der ersten 12 Monate kündigen, würde ich nämlich mit absolut leeren Händen dastehen. Um sicher zu gehen, dass ich auch alles richtig verstanden hatte, fragte ich noch einmal per E-Mail nach und teilte Napoleon auch mit, dass ich statt dieser relativ allgemeinen Rahmenbedingungen einen vollständigen Vertrag haben wollte.

Die Antwort folgte prompt noch am selben Tag. Napoleon schien es eilig zu haben, alles unter Dach und Fach zu bringen. Er bestätigte meine Interpretation, dass beide Seiten die Vereinbarung innerhalb der ersten 12 Monate kündigen könnten und meinte nur, das sei eine typische Formulierung und quasi als „Equity Probezeit" anzusehen. Da Napoleon wahrscheinlich schon vermutete, dass ich solchen Konditionen nicht einfach zustimmen würde, hatte er gleich einen Alternativvorschlag in petto. Er wollte versuchen, mir bereits vor Erhalt einer Finanzierung - die er bis spätestens Ende September eingeplant hatte - die Möglichkeit des „Accelerated Vesting[15]" zu geben. Ich sollte so bereits vor Erreichung des 12 Monate Cliffs, wöchentlich 0,025 % an Anteilen zugesichert bekommen. Bis September wären das 0,5%, was meiner Ansicht nach akzeptabel war und womit ich leben konnte. Gleich am nächsten Tag wollte Napoleon sich mit mir treffen, um noch einmal alles zu besprechen. Auf meine Frage nach einem vollständigen Vertrag ging er jedoch mit keinem Wort mehr ein.

Nach dieser E-Mail Konversation mit Napoleon kontaktierte ich sofort meinen Anwalt, um kurzfristig einen Beratungstermin zu vereinbaren. Ich wollte mir unbedingt noch eine professionelle Einschätzung des Sachverhalts holen, bevor ich das nächste Mal mit Napoleon in den Ring stieg. Leider hatte mein Anwalt für den 05.05.2015 keinen Termin mehr frei und die nächsten Tage kamen nicht in Frage, da ich bereits eine Reise nach Österreich gebucht hatte. Warum ich nach meiner Rückkehr aus dem „Kurzurlaub" meinen Anwalt nicht noch einmal angesprochen habe, kann ich rückblickend nicht mehr genau sagen. War es eine Mischung aus Gutgläubigkeit, Napoleons Enthusiasmus und der hohe Druck von seiner Seite? Wahrscheinlich wünschte ich mir unbewusst schon so sehr, alles müsste klappen, dass ich jeden, der mir noch von meinem Vorhaben abraten konnte, einfach ausblendete - so auch meinen Anwalt. Ich ließ mich also ohne rechtliche Absicherung auf das Vorhaben ein und überließ Napoleon das Ruder.

Wie alles begann

Auf das Thema Unternehmensgründung wurde ich zum ersten Mal während meines Wirtschaftsinformatik Studiums in Linz (Österreich) aufmerksam. Die Vorlesungen zum Thema konnten mich allerdings nicht vom Hocker reißen, waren sie doch sehr trocken und ohne jeglichen Praxisbezug. Eher durch Zufall hörte ich einen Vortrag von Bernd Greifeneder, dem Gründer von Dynatrace[16], ein Unternehmen, das eine Software entwickelte, mit der man die Performance von Anwendungen analysieren kann. Das Startup war gerade zwei Jahre alt und konnte ein extrem hohes Wachstum vorweisen. Fasziniert von Greifeneders Leidenschaft als Gründer und dem schnellen Wachstum seines Unternehmens, begann ich, mich intensiver mit dem Thema Unternehmensgründung zu beschäftigen.

Nach Abschluss meines Studiums sammelte ich drei Jahre Berufserfahrung als fest angestellter Softwareentwickler in einem Großkonzern. Mit der Zeit wurde mir klar, dass ich in einem so großen, schwerfälligen Unternehmen nicht glücklich werde und ich mich mit den dort herrschenden bürokratischen und hierarchischen Strukturen nicht abfinden wollte. Allmählich kristallisierte sich das Ziel heraus, irgendwann ein eigenes Startup zu gründen. Selbst zu gründen schien perfekt für mich zu sein. Dabei könnte ich etwas Eigenes aufbauen und zugleich meine Leidenschaft für Computer und Technik ausleben. Auch meine betriebswirtschaftlichen Kenntnisse würden ausreichen, um für den Start gewappnet zu sein. Ich war fasziniert von der Aussicht, etwas nach meinen eigenen Vorstellungen aufbauen zu können und nicht nur ein kleines Rädchen in einem Großunternehmen zu sein.

Nachdem ich irgendwann die Nase voll vom Konzernleben hatte, wagte ich eines Tages den Schritt in die Selbstständigkeit. Mein erstes Startup, das ich mit zwei Freunden gründete, sollte ein Bestellsystem für Restaurants anbieten, über welches Kunden mit ihren eigenen Smartphones Bestellungen aufgeben können. Das Smartphone sollte in unserer Vision zukünftig teilweise die Servicekräfte ersetzen. Leider war diese Geschäftsidee nicht von Erfolg gekrönt. Man könnte sogar sagen, sie war ein totaler Reinfall. Was aber war schief gelaufen? Kurz zusammengefasst, waren es folgende drei Punkte: falsche Branche, zu komplexe Abläufe und zu geringer Nutzen für die Restaurants. Die

Gastronomiebranche reagiert sehr zögerlich auf Innovationen - was mir bis zu diesem Zeitpunkt nicht bewusst gewesen war. Außerdem war die Skalierbarkeit des Geschäftsmodells nicht hoch genug und wir hätten viele Gastronomen direkt einzeln ansprechen müssen. Wir starteten zwar eine Kooperation mit einem Kassensystemhersteller, diese verlief aber leider rasch im Sande. Damals war ich noch ziemlich grün hinter meinen Gründer-Ohren und voll und ganz von meiner Geschäftsidee überzeugt. Auch heute bin ich der Meinung, dass Potential in diesem Ansatz steckte. Wir hätten es sicher noch bei anderen Zielgruppen versuchen können. Ein solches Handy-Bezahl-System würde sich beispielsweise perfekt für Stadien oder Veranstaltungshallen eignen, um lange Schlangen während der Pausen zu vermeiden. Die Kunden könnten einfach direkt von ihren Plätzen aus per App bestellen und Getränke und Snacks direkt zum Platz geliefert bekommen. Die Luft bei uns drei Gründern war aber raus und wir entschieden uns dafür, diese Idee nicht mehr weiter zu verfolgen.

Aus dieser ersten missglückten Unternehmensgründung ging ich jedoch nicht mit leeren Händen hervor. Nach einer objektiven Analyse der Erfahrungen zog ich meine Schlüsse und Lehren für zukünftige Gründungsprojekte und arbeitete mich noch tiefer in die Materie ein. Dabei stieß ich auf die Lean Startup-Bewegung, die mir noch weiter die Augen darüber öffnete, was ich beim ersten Versuch alles falsch gemacht hatte. Anstatt sofort komplett fertige Apps für Android und iOS zu programmieren, hätten wir zuerst über einen Markttest herausfinden sollen, wie groß das Potential für unser Geschäftsmodell wirklich war. So hätten wir frühzeitig gemerkt, wo die Schwierigkeiten liegen und unsere Idee noch besser an den Markt anpassen können. Viele Gründer machen den Fehler, sofort ein fertiges Produkt zu schaffen, ohne sich über dessen eigentlichen Kernnutzen klar zu sein. Nach meiner ersten Unternehmensgründung versuchte ich mich als Freelancer in IT-Projekten und verdiente damit sehr gutes Geld bei überschaubarem Aufwand. Inhaltlich waren die Projekte leider weniger spannend. Für viele da draußen mag das trotzdem wie der perfekte Job klingen. Nicht jedoch für mich - ich hatte etwas völlig Anderes im Sinn!

Im Sommer 2014 zog ich gemeinsam mit meiner Freundin nach Berlin. Wir kündigten Jobs und Wohnung und machten uns auf in ein neues Abenteuer. Schluss mit dem Leben in der Kleinstadt, dachten wir uns. Startup-Metropole wir kommen! Die ersten Monate in Berlin verbrachte ich hauptsächlich damit, die Stadt und ihre Gründerszene kennenzulernen. In den letzten Jahren hatte ich ja genug finanzielle Reserven angespart, um mich einige Zeit über Wasser halten zu können. Der Gedanke an ein eigenes Unternehmen ließ mich einfach nicht mehr los. Ich traf viele Menschen mit dem gleichen Ziel, ein Startup zu gründen, lernte interessante Persönlichkeiten kennen und tauschte mich intensiv mit ihnen über ihre Vorhaben aus. Darunter waren beispielsweise Geschäftsideen in den Bereichen Mode, soziale Netzwerke, Weiterbildung und Gesundheit. Ideen gab es sprichwörtlich wie Sand am Meer aber jene, mit denen man wirklich durchstarten und ein erfolgreiches Unternehmen gründen konnte, waren dünn gesät. Oft scheitern geniale Vorhaben auch an ihrer Skalierbarkeit und eignen sich nur für Gründungen im kleineren Rahmen. Auf solche Ideen hatte ich es allerdings nicht abgesehen.

Eine weitere Herausforderung war es, den idealen Co-Founder zu finden. Welche Eigenschaften sollte dieser mitbringen? Ziemlich lange stellte ich mir diese Fragen und habe bis heute keine eindeutige Antwort darauf parat. Was aus meinen bisherigen Erfahrungen aber deutlich wurde ist, dass sich Mitgründer in ihren Fähigkeiten und Kenntnissen gut ergänzen müssen. Ein gewisses Maß an Respekt im Umgang miteinander sollte vorhanden sein, was sich erst einmal selbstverständlich anhört, es meiner Erfahrung nach aber leider nicht ist. Zu guter Letzt sollte man ähnliche Sichtweisen auf die wichtigen Dinge im Leben haben. Diese Erkenntnis reifte erst in meiner Zeit in jenem Startup, über das ich in diesem Buch berichte, in mir heran. Ich investierte viel Zeit und meine Programmierfähigkeiten um einige dieser Geschäftsideen auszuprobieren. Mit der Lean Startup-Methode konnte ich mittlerweile relativ rasch herausfinden, ob eine Idee grundsätzlich realisierbar war oder nicht. Bevor ich mich auf eine Zusammenarbeit einließ, erstellte ich für die betreffende Idee ein Business Model Canvas[17] [18] [19], wie es üblicherweise in der Lean Startup-Bewegung eingesetzt wird. Damit konnte ich die Geschäftsidee auf ihre Markttauglichkeit bewerten und somit den Fehler vermeiden, unendlich viel Zeit und Energie in ein Projekt zu stecken, das zum Scheitern verurteilt ist. Natürlich wählte ich nur Themen im Bereich der Internet-Startups aus, die zu mir passten und wo ich einen Beitrag leisten konnte. Einige davon möchte ich hier kurz skizzieren.

Flyrr - das Online-Hilfe Netzwerk
Über Xing lernte ich einen ehemaligen Rocket Internet[20] Mitarbeiter

kennen, der die Idee hatte, ein Online-Hilfe Netzwerk zu gründen. Wie andere vielversprechende Talente bei Rocket Internet, durchlief er ein Trainee-Programm, im Rahmen dessen er durch die Welt tingelte und Startups im Aufbau unterstützte. Durch diese Erfahrungen, meinte der Gründer, habe er bereits ein großes Netzwerk aufgebaut, das wir nun nutzen könnten. Aus seinen Erzählungen gewann ich den Eindruck, wir könnten gut zusammenpassen. Er selbst hatte die Harvard Business School besucht und wollte nun mit seinem eigenen Unternehmen durchstarten. Genau nach so einem Profil hatte ich gesucht und dachte zunächst, wir würden uns perfekt ergänzen. Leider schien sich aber sein Ego bei Rocket Internet etwas zu stark entwickelt zu haben. Gleich zu Beginn fing der Gründer an von den Opportunitätskosten zu sprechen, die er bereits in diese Idee investiert hätte. Bisher hatte ich mich mit diesem Begriff nie genauer auseinandergesetzt. Gemeint war hier jener Betrag, den er verdienen hätte können, wenn er nicht an seiner Geschäftsidee gearbeitet hätte, sondern stattdessen in einem normalen Beschäftigungsverhältnis gewesen wäre. Der Gründer rechnete mir einen hohen fünfstelligen Betrag vor und ich musste gleich einmal kräftig schlucken. Bis auf seine Idee und vier PowerPoint Folien war nämlich noch nichts weiter vorhanden. Ich vermutete, dass er mich einfach ein bisschen einschüchtern und mit seinem hohen Verdienst beeindrucken wollte.

Der Plan des Gründers war es, eine Art Netzwerk zur Online-Hilfe aufzubauen. Als ich das Wort Netzwerk hörte, wollte ich mich in einem ersten Impuls gleich wieder verabschieden, da man in Zeiten von Facebook mit einem Online-Netzwerk keinen Blumentopf mehr gewinnen kann. Die Geschäftsidee war jedoch gut durchdacht und ausgeklügelter als ich erwartet hatte. Der Kerngedanke war, dass Menschen im Freundes- und Bekanntenkreis viel eher bereit sind, sich gegenseitig zu helfen, als über Medien wie Facebook. Im ersten Schritt sollte es möglich sein, eine Art Online-Flyer mit Hilfeangeboten und Gesuchen zu erstellen, die man über soziale Netzwerke teilen kann (zb Wohnungssuche). Aus diesen einfachen Online-Anzeigen sollte schließlich ein komplettes Online-Netzwerk entstehen, das wie ein digitales schwarzes Brett funktionieren sollte. Der Plan hörte sich erst einmal gut an, seine Erfolgschancen waren aber nicht vorherzusehen und das Ganze also mit einem hohen Risiko behaftet.

Trotzdem erklärte ich mich bereit, erst einmal für ein paar Wochen zusammenzuarbeiten und einen Prototypen - also ein MVP - zu entwickeln. Der erste Teil war schnell erledigt, man konnte Flyer erstellen und sich diese anzeigen lassen. Als nächsten Schritt sollte ich das Teilen der Flyer über Facebook programmieren. Bei unseren Verhandlungen über Unternehmensanteile hatte ich mir rund 30% vorgestellt, worauf der Gründer signalisierte, dass dies ein für ihn realistischer Prozentsatz sei. Schlussendlich entschied er sich aber doch dafür, die Entwicklungsarbeit an einen externen Dienstleister zu geben und musste so keine Anteile an seiner vermeintlich so wertvollen Geschäftsidee an einen „Tekkie" wie mich abgeben. Ein klassisches Beispiel für die geringe Wertschätzung gegenüber Informatikern in Deutschland und leider nicht das einzige Mal, dass ich so etwas erlebte.

Ohne meine Unterstützung musste der Gründer, zusätzlich zu seinen „Opportunitätskosten", schließlich noch einige tausend Euro in die Hand nehmen, um die Plattform ins Leben zu rufen und zu testen, ob seine Idee überhaupt angenommen würde. Ich verfolgte das Projekt nur noch sporadisch weiter und bemerkte, dass sich das allgemeine Interesse doch sehr in Grenzen zu halten schien. Die Website war nur einige Monate Online und in dieser Zeit wurden nur wenige Flyer erstellt. Irgendwann wurde die Seite schließlich abgeschaltet.

MeetAndEat
Da es mit dem vorangegangenen Projekt nicht geklappt hatte, ging ich weiter auf die Suche nach der richtigen Geschäftsidee. Meine Motivation war ungebrochen hoch und ich war überzeugt, schon noch das passende Projekt zu finden. Prompt lernte ich über die Plattform Founderio[21] den nächsten Gründungswilligen kennen. Nach einem kurzen Telefonat vereinbarten wir gleich ein persönliches Treffen, da er am Telefon nicht über seine Idee sprechen wollte. Zu meiner Verwunderung hatte diese Geschäftsidee viele Parallelen zum Online-Flyer Startup. Wie ähnlich doch die Menschen ticken, dachte ich mir. Es ging ebenfalls um gegenseitige Hilfe, allerdings stand hier die soziale Komponente im Vordergrund. Für eine Gegenleistung wie beispielsweise ein selbst gekochtes Abendessen, sollte jemandem bei einem konkreten Problem geholfen werden wie dem Erlernen einer Sprache oder der Neuinstallation eines Computers. Dieser Ansatz gefiel mir besonders gut, da er zum Ziel hatte, die Menschen im realen Leben zusammen zu bringen.

Der Gründer hatte bereits eine Facebook-Gruppe erstellt und reges Interesse an seiner Idee generiert. Die Leute waren heiß auf diese Art von Hilfe und nachdem er das Konzept bereits erfolgreich getestet hatte, war ich bereit mit einzusteigen. Als nächsten Schritt sollten alle Mitglieder der Facebook-Gruppe auf eine eigene Plattform gelockt werden, auf welcher dann die Kontaktaufnahme zwischen Hilfesuchendem und Helfer stattfinden würde. Also erstellte ich das MVP für die Online-Plattform. Den Beweis für das Interesse an der Idee hatten wir ja bereits in den Händen. Leider gelang es uns aber nicht, genügend Personen von der Facebook-Gruppe auf unsere externe Plattform zu locken, obwohl ich sogar einen Facebook-Login Button programmiert hatte, womit sich die Nutzer ganz einfach einloggen konnten. Der Zusatznutzen unserer Plattform war im Vergleich zur Facebook-Gruppe einfach nicht groß genug. Ein weiterer Hemmschuh war die wenige Zeit, die der Gründer für das Projekt zur Verfügung hatte. Da er auch noch einen Vollzeit Job zu stemmen hatte, konnte er sich nur abends und an den Wochenenden darum kümmern, unser Plattform-Marketing voranzutreiben. Dadurch kamen wir viel langsamer voran, als ich es mir erhofft hatte. Ich investierte ja meine gesamte Zeit in unsere Zusammenarbeit.

Lernhilfe-Tool
Auf der Co-Found Berlin[22] Veranstaltung, deren Ziel der Austausch zwischen potentiellen Gründern ist, traf ich schließlich einen jungen Franzosen. Dieser hatte bereits von Freelancern den Prototypen einer Lern-Software erstellen lassen und suchte nun einen Co-Founder, der die Rolle des CTO einnehmen würde. Die Kernfunktionalität der Software war es, Textstellen verschiedenfarbig markieren zu können und sich dann beispielsweise nur die gelb markierten Passagen in einer Zusammenfassung anzeigen zu lassen. Ein Lerntool in dieser Form hatte ich bisher noch nicht gesehen. Hier war ein klarer Nutzen für eine große und eindeutig definierbare Zielgruppe zu erkennen. Besonders für Studenten, die sich nur die wichtigsten Informationen aus langen Texten einprägen müssen, wäre es sehr hilfreich, alle zuvor markierten Stellen jederzeit komprimiert und gruppiert aufrufen zu können. Genau nach so einer Idee hatte ich gesucht und über die Unternehmensanteile - ich sollte um die 40% bekommen - waren wir uns schnell einig. Der Franzose war gerade Anfang zwanzig und voller Ideen und Visionen. Dabei schoss er allerdings etwas über das Ziel hinaus. Er wollte eine Online- und eine Offline-Version der Lernsoftware zur gleichen Zeit auf den Markt bringen und von Beginn an Englisch und Französisch als Sprachen

unterstützen. Für den Start hätte es genügt - ganz nach dem Lean Startup-Ansatz - nur eine Version in einer Sprache anzubieten. Diese unterschiedlichen Sichtweisen führten zu unzähligen Diskussion darüber, wie wir weiter vorgehen sollten.

Der bereits vorhandene Prototyp der Lernsoftware strotzte nur so vor Fehlern im Code und es fehlten noch einige essentielle Funktionen, wie der Import von Dateien. Bis dato konnte man nur über die Zwischenablage Texte in das Tool kopieren, was natürlich umständlich war. Ich wusste gar nicht, wo ich am besten mit meiner Arbeit anfangen sollte, entschied mich aber zunächst dafür, ein kleines Analyse-Tool zu bauen. Damit sollte man, orientiert an der Lean Startup-Methode, unter anderem folgende Zahlen messen können: Anzahl der Nutzer, Anzahl der Dateien pro Nutzer, Anzahl der Datei-Öffnungen und einige weitere. Die Marketingmaßnahmen meines Partners bestanden im Wesentlichen darin, den Link zur Lernsoftware in unzähligen universitätsnahen Facebook-Gruppen zu posten. Zu meiner Überraschung funktionierte diese Strategie und wir bekamen ständig neue Registrierungen. Wir konnten also bereits erkennen, dass großes Interesse an einer solchen Software vorhanden war. Um das Analyse-Tool wirklich brauchbar zu machen, ergänzte ich es noch um eine Kohortenanalyse[23], welche die Nutzer mit gemeinsamen zeitspezifischen Merkmalen in Gruppen zusammenfasst. In unserem Fall wurden die Nutzer nach deren Registrierungszeitpunkt eingeteilt. So konnten wir nachvollziehen, ob ein Nutzer das Tool nach bspw. zwei Monaten immer noch nutzte, oder sich nur einmal registriert hatte. Sich ausschließlich auf absolute Zahlen zu stützen, kann nämlich sehr trügerisch sein.

Nachdem ich einige kleinere Fehler in der Software – auch Bugs genannt - ausgemerzt hatte, startete ich mit der Umsetzung der Importfunktionalität. Obwohl die Software schon recht passabel aussah, verlangte mein Partner ständig ohne Fokus auf die Kernfunktionen weitere Design-Änderungen von mir. Unter diesen Bedingungen fiel es mir schwer, vernünftig zu arbeiten. Der junge Franzose hatte außer seiner Vision und einem Auge für Design keine der wichtigen Fähigkeiten, die ein Startup in der Anfangsphase voranbringen konnten. Auch im Marketing reichte seine Erfahrung noch nicht aus, um den großen Durchbruch zu schaffen. Mit unseren komplett unterschiedlichen Vorstellungen, wie wir das Startup voranbringen wollten, wurden die Differenzen schließlich so groß, dass ich beschloss auszusteigen.

Bis zum Treffen mit Napoleon hatte ich also schon einige Ideen ausprobiert. Mein Fazit bis dahin: Keine Erfolge aber viele neue Erfahrungswerte. Man kann mir definitiv nicht nachsagen, dass ich in den ersten Monaten in Berlin nicht offen für Neues gewesen wäre und Dinge nicht einfach ausprobiert hätte. Wie für alle anderen Projekte, erstellte ich auch für Napoleons Geschäftsidee im April 2015 ein Business Model Canvas (siehe Anhang).

Die ersten Wochen

Dienstag, 05.05.2015
Nachdem Napoleon und ich am Vortag ein weiteres Treffen vereinbart hatten, besuchte ich ihn - ohne vorher mit meinem Anwalt zu sprechen – am nächsten Tag in einem Coworking Space im Bezirk Prenzlauer Berg. Das Thema Equity Agreement - weswegen ich eigentlich gekommen war - wurde nur sehr kurz angesprochen, da noch viele andere Themen auf der Agenda standen. Im Grunde war ich ja mit dem Vorschlag des Accelerated Vesting aus der zweiten E-Mail vom Vortag zufrieden, welcher mir als guter Kompromiss erschien. Darüber hinaus wollte ich mich auch nicht mehr länger mit „organisatorischen" Rahmenbedingungen beschäftigen, sondern brannte darauf, mich endlich spannenderen Themen zu widmen.

Gleich als ich den Coworking Space betrat, stellte mir Napoleon Data Scientist Nr. 1 (DS1) vor. Die fortlaufende Nummer lässt bereits erahnen, dass die „Überlebensdauer" auf dieser Position eher kurz war. DS1 war Mathematiker und schrieb gerade an seiner Masterarbeit. Mit seinen rudimentären Kenntnissen in der Programmiersprache Python[24] sollte er Crawler entwickeln, die aktuelle Preise für bestimmte Produkte von verschiedenen Webseiten sammelten. Ziel des Ganzen war es, auf Grundlage historischer Preise einen Blick in die Zukunft zu erhalten und basierend darauf, den Wertverlust eines Produktes zu berechnen. Der kalkulierte monatliche Wertverlust eines Produktes sollte schließlich die Basis für dessen Monatsmietpreis bilden, denn um ein positives betriebswirtschaftliches Ergebnis zu erzielen, müssen die monatlichen Einnahmen höher sein, als der Wertverlust des Produktes im gleichen Zeitraum. Im weiteren Verlauf werde ich dieses Thema als Price Prediction oder Preisberechnung bezeichnen. Eine fundierte Datenbasis und eine darauf aufbauende vernünftige Berechnung, stellten also das Fundament für den Erfolg unseres Geschäftsmodells dar. Ein Schlüsselbereich, den Napoleon sogleich in die Hände von DS1 legte, der zwar intelligent war, aber bisher wenig Erfahrung mit Softwareentwicklung hatte. Wie ich später erfahren sollte, erhielt er - genau wie ich - kein Gehalt, sondern nur das Versprechen von Unternehmensanteilen unter einem Prozent.

An diesem Tag „skypte" ich dann, gemeinsam mit Napoleon, das erste

Mal mit dem ägyptischen Unternehmen, das gerade den E-Commerce Shop mit SpreeCommerce aufsetzte. Alles sah aus unserer Perspektive so aus, als sei die Entwicklung voll im Plan. Wir sollten den Code zwei Wochen später erhalten und ich konnte anhand des kurzen Einblicks über Skype keinen Anlass für eine Verzögerung des Zeitplans erkennen. Vielleicht auch ein wenig naiv von mir, dies nach einer so oberflächlichen Begutachtung zu glauben. Eigentlich hätte ich durch meine bisherigen Erfahrungen als Entwickler besser wissen müssen, dass zum Ende hin immer Stolpersteine auftauchen. Doch Napoleons positive Darstellung des Unternehmens, ließ alle meine Zweifel verfliegen. Nachdem der präsentierte Zwischenstand der Ägypter vielversprechend war und Napoleon ohnehin bald auf SpreeCommerce wechseln wollte, entschieden wir, den Prototypen zu verwerfen, an dem ich die letzten paar Wochen gearbeitet hatte. Ich konzentrierte mich von diesem Tag an auf das Server-Setup und verwendete viel Zeit für das Testen der Software des ägyptischen Unternehmens.

Wie sich im Laufe meiner intensiven Tests in den nächsten zwei Wochen herausstellte, war die Programmierung des E-Commerce Shops doch nicht so weit fortgeschritten, wie uns zuvor versprochen wurde. Ein Grund dafür war der zu umfangreiche Anforderungskatalog, den Napoleon mit dem Unternehmen vereinbart hatte. Statt sich auf die Kernfunktionen der Software zu fokussieren, hatte dieser völlig nebensächliche Features gefordert - wie Videos auf der Startseite abspielen zu lassen oder bereits mehrere Bezahlverfahren abzubilden. Für einen ersten Launch des Shops waren solche Funktionalitäten nicht notwendig, Napoleon wollte aber auf keinen Fall darauf verzichten. War das die fehlende Erfahrung im Software-Bereich, die ein BWLer nicht haben konnte? Entscheidungen dieser Art sollten ja in Zukunft in meinem Verantwortungsbereich liegen, deswegen hatte Napoleon mich schließlich ins Boot geholt.

Mittwoch, 06.05.2015
Am nächsten Tag machte ich mich dann mit meiner Freundin auf den Weg nach Österreich. Wir waren dort am darauffolgenden Wochenende auf einer Hochzeit eingeladen, die ich nicht verpassen durfte. An diesem Abend bestellte ich noch den Server, auf dem wir die Shop-Software betreiben wollten. Gemeinsam mit Napoleon wählte ich die einfachere und billigere Lösung, bei der man seinen Server komplett selbst konfigurieren musste. Wir entschieden uns bewusst gegen komfortablere

Lösungen, wie Amazon AWS, da diese um ein Vielfaches teurer gewesen wären. Zusätzlich begann ich, die Arbeit des ägyptischen Unternehmens intensiv zu testen.

Tags darauf erhielt ich eine E-Mail von Napoleon mit der frohen Botschaft, dass wir von einem Seed-Investor zu einer 3-Tages-Veranstaltung eingeladen worden waren, für die er sich bereits Monate zuvor angemeldet hatte. Die 20 besten Web/Software-Startups hatten dort die Chance gestandene Entrepreneure, Entwickler, Experten und Investoren aus der ganzen Welt kennenzulernen. In Mentoring Sessions zu Themen wie UX, Sales, Marketing Finance usw. sollten diese vom Wissen der Experten profitieren und am Ende würden drei davon für ein Investment ausgewählt werden. Ich fand es sehr schade bei dieser spannenden Veranstaltung nicht dabei sein zu können. Stattdessen bekam DS1 die Chance mitzukommen. Diese Nachricht steigerte noch zusätzlich meinen Tatendrang und ich konnte es kaum erwarten, wieder in Berlin an die Arbeit zu gehen.

Donnerstag, 14.05.2015
Nach meiner Rückkehr aus Österreich traf ich mich mit Napoleon im Café St. Oberholz, einem angesagten Gründertreffpunkt. Von dort zogen wir gleich weiter zu Starbucks am Hackeschen Markt. Später erfuhr ich dann, dass Napoleon sich kurz zuvor im St. Oberholz mit einem Designer getroffen hatte, der unser Team verstärken sollte. Bei diesem Treffen sprach ich Napoleon noch einmal auf die fehlende vertragliche Grundlage unserer Zusammenarbeit an und fragte ihn, ob wir nicht langsam eine rechtlich bindende Vereinbarung treffen sollten. Dieses Thema lag mir immer noch schwer im Magen. Darauf meinte er nur lapidar, dass die E-Mails und mündlichen Absprachen doch erst einmal ausreichten. Ich sagte mir dann, dass eine Zusammenarbeit ohne gegenseitiges Vertrauen von vornherein zum Scheitern verurteilt ist und begnügte mich mit den Zusicherungen, die ich bisher erhalten hatte. Napoleon berichtete mir dann voller Enthusiasmus vom Erfolg der Veranstaltung des Seed-Investors und dass er für die nächste Woche nach London eingeladen worden war. Der Investor suche schon seit Längerem einen „Ebay-Killer", war Napoleons Aussage. Ein ganz großes Ding für unser Startup, meinte er noch dazu. Zugegeben, ich war in diesem Moment schon beeindruckt davon, was Napoleon in so kurzer Zeit erreicht hatte. Er selbst sah sich wohl schon als der nächste Jeff Bezos (Gründer von Amazon) mit einem riesigen E-Commerce Imperium. Napoleons London Reise war dann

ziemlich erfolgreich und wir konnten eine der begehrten Finanzierungen einstreichen. Es handelte sich um ca. 20.000 bis 25.000 Euro - genaue Beträge hatte uns Napoleon nie mitgeteilt - sowie weitere Mentoring-Sessions, wofür wir 3% der Unternehmensanteile abgeben mussten.

Außerdem erhielten wir noch massenhaft Guthaben für Microsoft Azure und Amazon Web Services (AWS). Im Prinzip waren das „Lock"-Angebote, damit man deren Server-Infrastruktur nutzte. Das Guthaben war nur ein Jahr gültig, danach musste man regulär bezahlen. Die Vorteile von Cloud-Plattformen liegen einerseits im geringen Konfigurationsaufwand, andererseits werden auch automatische Datenbank-Backups gemacht. Man muss sich also um viele Dinge nicht selbst kümmern. Die Kehrseite der Medaille ist, dass man nach einem Jahr nicht einfach ohne großen Aufwand den Anbieter wechseln kann. Bei hohem „Traffic" auf den gemieteten Servern kann es dann richtig teuer werden.

Napoleon - dessen Geiz mir spätestens seit der Pfandflaschen-Aktion beim Asiaten bekannt war – war von diesen Angeboten natürlich hellauf begeistert und griff sofort zu. Unser E-Commerce Shop sollte zukünftig auf AWS laufen. Die Tatsache, dass wir bereits einen Server gemietet hatten und ich schon einiges an Zeit und Arbeit in das Setup investiert hatte, störte ihn nicht im Geringsten. Den bisherigen Server mussten wir, aufgrund der Kündigungsfrist, den gesamten ersten Monat bezahlen. Alles völlig korrekt und konform mit den Kündigungsbedingungen. Napoleon schaffte es aber - wie ich später zufällig mitbekommen sollte - sich stundenlang damit zu beschäftigen, diesen Monatsbetrag von 30 (!!!) Euro wieder vom Server-Betreiber zurückzufordern. Alle Sparsamkeit in Ehren, aber wenn man seine ganze Energie in solche Kleinigkeiten investiert, verliert man schnell das eigentliche Ziel aus den Augen.

Beim Testen stieß ich auf eine Menge Ungereimtheiten und Fehler, die ich in einem Dokument sammelte und den Entwicklern zur Behebung zur Verfügung stellte. Dabei fragte ich mich schon die ganze Zeit, was der Grund für die schlechte Qualität der Software sein konnte. Ich bekam leider keinerlei Einblick in die Verträge und Absprachen, die Napoleon im Vorfeld mit dem Unternehmen getroffen hatte. Wäre das der Fall gewesen, hätte ich sofort erkannt, dass er einen extrem niedrigen Fixpreis für die Entwicklungsleistung ausgehandelt hatte. Dies hatte zur Folge, dass das Stundenkontingent, welches das Unternehmen für die

Umsetzung kalkuliert hatte, zu diesem Zeitpunkt längst überschritten war. Rückblickend wurde mir dann einiges klar. Die ägyptischen Entwickler mussten in viel zu kurzer Zeit ein viel zu umfangreiches Produkt entwickeln. Das Ergebnis war ein unvollständig programmierter E-Commerce Shop mit unzähligen Fehlern und ein verständlicherweise demotiviertes Entwickler-Team. So war ein Start natürlich undenkbar. Noch Monate später brüstete sich Napoleon mit der Tatsache, dass die Entwicklung des E-Commerce Shops so günstig gewesen war. Die dadurch entstandenen Probleme mit dem Zeitplan, erwähnte er dabei mit keinem Wort.

Donnerstag, 21.05.2015
Sobald ich Napoleon darauf ansprach, dass wir immer weiter hinter unseren ursprünglichen Plan zurückfielen und sich noch so viele Bugs im Online-Shop befanden, sagte er nur: „pushe die!" Damit meinte er die Entwickler des ägyptischen Unternehmens. Diesen Satz durfte ich mir in den folgenden Monaten des Öfteren anhören. Nun kann man sich aber vorstellen, wie im Preis gedrückte, unterbezahlte Dienstleister auf einem anderen Kontinent auf Druck von meiner Seite reagierten. Nämlich defakto mit Arbeitsverweigerung. Mittlerweile hatte ich schon über zwei Wochen getestet und die Liste der entdeckten Fehler wurde immer länger. Es kam dann sogar der Punkt, an dem ich Videos von Bugs anfertigen musste, um den Entwicklern die Existenz der Fehler nachzuweisen.

Montag, 25.05.2015
Mein erster richtiger Arbeitstag im Prenzlauer Berger Coworking Space stand bevor. Nachdem ich meine letzten Projekte Großteils von zu Hause abgewickelt hatte, freute ich mich darauf, endlich wieder vor Ort mit einem Team zu arbeiten. In die Vorfreude mischte sich aber auch eine gewisse Anspannung und ich fragte mich, wie die nächsten Wochen wohl ablaufen würden. An diesem Tag lernte ich zum ersten Mal Data Scientist Nr. 2 (DS2) kennen, der einige Tage zuvor zum Team gestoßen war, was uns Napoleon bereits über Slack[25] mitgeteilt hatte. Genau wie DS1 studierte er Mathematik, musste nur noch seine Masterarbeit schreiben und sollte diesen bei der Price Prediction Thematik unterstützen. Außerdem kündigte Napoleon an, dass ab sofort ein Top-Designer das Team verstärken würde. Wie sich später herausstellte, der Kollege vom St Oberholz. Das Vergnügen, diesen Wunderknaben kennenzulernen, sollte ich aber erst eine Woche später bekommen. Data Scientist Nr. 1 und 2

waren ziemlich unterschiedlich in ihrer Einstellung und Arbeitsweise. DS1 programmierte weiterhin fleißig an seinen Crawlern, DS2 hingegen schwang von Beginn an große Reden und schaffte es erfolgreich, sich vor echter Arbeit zu drücken. In den folgenden Wochen fiel der hart arbeitende DS1 bei Napoleon immer mehr in Ungnade. Nichts konnte er ihm recht machen, wofür ich selbst keine rationale Erklärung finden konnte.

Für die nächsten Tage stoppte ich das Testen der Software und widmete mich stattdessen grundlegenden Softwareentwicklungs-Themen, wie dem konfigurieren von GitHub[26], einem Online-Versionierungssystem, basierend auf Git[27], zur Ablage des Codes. Außerdem erstellte ich eine Datenbank und programmierte in Python eine kleine Persistenz Schicht (Zwischenschicht die mit der Datenbank kommuniziert), die DS1 benutzen konnte, um die Crawler-Daten abzuspeichern. Auf meine Frage nach dem Zeitplan zur Fertigstellung der grundlegenden Preisberechnung entgegnete Napoleon, diese müsse am Freitag dieser (!!) Woche fertig sein. Das waren nicht einmal mehr fünf Tage. Viel zu wenig, wenn man bedenkt, dass alleine die Programmierung der Crawler mehrere Wochen Arbeit in Anspruch nehmen würde. Hinzu kam, dass DS1 kein „gelernter" Entwickler, sondern Mathematiker war. Aber weit gefehlt wer denkt, dass meine nachvollziehbaren Argumente für Napoleon ein Grund waren, seine Meinung zu ändern. Von Fakten ließ er sich nicht beirren und hielt stur am kommenden Freitag als Deadline fest. Grund dafür war, dass er in 2 Wochen mit dem Online-Shop „Live" gehen wollte und dafür die Preisberechnung funktionieren musste. Warum Napoleon sich genau auf dieses Datum versteifte, erschloss sich mir allerdings nicht.

Trotz seines straffen Zeitplans wies mir Napoleon noch eine Reihe weiterer Aufgaben zu, die laut seiner Aussage „High Prior" waren. Hier einige Beispiele:

Analyse Kreditech
Kreditech war eines jener Unternehmen, von denen Napoleon ständig erzählt hatte. Das Technologie-Startup bewertet anhand von Algorithmen und unzähliger Datenpunkte die Kreditwürdigkeit von Endkunden und vergibt auf dieser Basis passende Kredite. Kreditech hatte Anfang des Jahres eine riesige Finanzierung[28] erhalten und erlebte gerade einen Hype in den deutschen Medien. Das war die Liga, in der

sich Napoleon auch gerne gesehen hätte. Ich sollte nun prüfen, anhand welcher Daten das Unternehmen die Bonität seiner Kunden errechnet und an diesem Beispiel ein Bonitätsbewertungssystem für unseren eigenen E-Commerce Shop aufbauen. Schnell fand ich heraus, dass Kreditech einfach und ohne große Magie möglichst viele User-Daten bei der Bonitätsprüfung erhob und analysierte. Der potentielle Kreditnehmer war gezwungen, sich durch unzählige Formularseiten zu klicken und diese ausfüllen. Um Social Media Daten vom Benutzer zu erhalten, musste dieser sich bei der jeweiligen Plattform anmelden. Ein Beispiel war Facebook, worüber man einiges über den Kunden in Erfahrung bringen konnte. Um an diese Daten zu gelangen, hatte Kreditech einfach einen Facebook Login-Button in die eigene Seite integriert.

Als Napoleon das hörte, war er gleich Feuer und Flamme für diese Idee. Ein Facebook-Login musste her! Aus technischer Sicht machbar, ergab dieser Button aus User-Sicht keinerlei Sinn. Bisher kannte ich keinen E-Commerce Shop, wo man seine Facebook-Login Daten angeben musste, wenn man eine Bestellung aufgeben wollte. Wäre ich Kunde, würde diese Funktion bei mir Zweifel an der Seriosität des Unternehmens aufkommen lassen. Derlei Argumente wollte Napoleon erst gar nicht hören und hielt stur an seiner Meinung fest. Ich aber wollte keine unnötige Zeit und Energie verschwenden, programmierte den Facebook-Login daher nicht, sondern schob dieses Feature zeitlich nach hinten. Wir hatten schließlich eine Deadline einzuhalten und Wichtigeres zu tun. Daher beschwichtigte ich Napoleon und erklärte ihm, dass wir den Facebook-Login Button später implementieren könnten, wenn mehr Kapazitäten dafür zur Verfügung stünden.

Mixpanel
Ein Tool, das Napoleons Begeisterung hervorrief, war Mixpanel[29]. Die Analytics-Software zeichnet das Klick-Verhalten von Besuchern einer Website auf. Daraus kann man das Verhalten eines (potentiellen) Kunden auf seiner Website analysieren und so Informationen zur Optimierung der Seite gewinnen. Sinn macht der Einsatz solcher Tools allerdings erst, wenn man bereits einen funktionierenden Shop hat und es war reine Zeitverschwendung, mich schon jetzt mit solchen Themen zu befassen.

Portadi
Es soll aber nicht der Eindruck entstehen, dass Napoleon nur tatenlos

zusah, während ich mich vor Arbeit kaum noch retten konnte. Ungeduldig wie er war, richtete er sich selbstständig den Cloud-Dienst Portadi[30] ein, über den es möglich war, Team-Zugriffe auf Apps und Services zu steuern. Dabei benötigt man für jede Website nur einen Account, der in Portadi hinterlegt ist. Auf diesen greifen alle Nutzer über ihren eigenen Portadi-Zugang zu und brauchen somit keinen persönlichen Account für jeden einzelnen Dienst. Napoleon war - wieder einmal – begeistert. Bis sich nach einigen Tagen herausstellte, dass er seinen persönlichen Google-Account inkl. Zugriff auf Gmail ebenfalls in Portadi hinterlegt und somit für das ganze Team zugänglich gemacht hatte. Als Napoleon das bemerkte, wurde er auf einmal ganz blass und sein anfänglicher Enthusiasmus war wie weggeblasen.

Dienstag, 26.05.2015
Ab meinem zweiten Tag im Coworking Space wurde der Ton zunehmend rauer. Obwohl Napoleon immer informiert war, woran ich gerade arbeitete, forderte er jeden Tag Status-Updates zu unwichtigen Kleinigkeiten und wollte genau wissen, wie lange ich dafür noch brauchen würde. Außerdem fragte er mich ständig, was die anderen im Team gerade machten. Da unsere Zusammenarbeit jedoch gerade erst begonnen hatte, dachte ich mir noch nicht viel dabei und wir arbeiteten weiter intensiv auf unsere Deadline hin. Leider musste ich meine Arbeit am Donnerstag für einen bereits länger geplanten Umzug unterbrechen. Meine Freundin und ich zogen aus einem übergangsmäßig bezogenen Berliner Plattenbau in eine größere Wohnung um. Diesen Umzug hatten wir beide schon herbeigesehnt, ich konnte mich aber gar nicht darüber freuen, da Napoleon sich schon über meine bevorstehende Abwesenheit beschwerte und mir ein schlechtes Gewissen einredete, dass ich nicht am Wochenende umziehen würde.

Sonntag, 31.05.2015
Noch am Freitag zuvor hatte Napoleon verkündet, dass wir in einen anderen Coworking Space wechseln würden. Napoleon hatte von Beginn an ein Problem mit den aktuellen Räumlichkeiten, da diese nur bis 19 Uhr geöffnet waren und somit der Arbeitstag schon um diese Uhrzeit endete. Im neuen Space hingegen, konnte man rund um die Uhr arbeiten, was genau seiner Vorstellung entsprach. Dies nahm er gleich zum Anlass uns am Sonntag arbeiten zu lassen. Nachdem keiner im Team dagegen rebellierte, dass Napoleon unsere Sonntagsplanung übernommen hatte, nahm auch ich den zusätzlichen Arbeitstag in Kauf.

In einem Startup gehören flexible Arbeitszeiten nun einmal dazu, so meine Meinung. Außerdem war mir der Sonntag an sich nie besonders wichtig. Dass ich von nun an jeden Sonntag arbeiten sollte, war mir zu diesem Zeitpunkt allerdings keineswegs klar.

Der Druck steigt

Montag, 01.06,2015

Wir hinkten bereits massiv hinter dem von Napoleon vorgegebenen Zeitplan her. Wenn wir wirklich in einer Woche live gehen wollten, musste schon ein mittelgroßes Wunder geschehen. Nachdem die Liste der Bugs immer länger wurde, blieb uns nichts anders übrig als die Notbremse zu ziehen. Wir vereinbarten daher mit dem ägyptischen Entwicklungs-Unternehmen, sich auf die Behebung der wichtigsten Bugs zu konzentrieren. Den Rest wollten wir selbst beheben. Dazu benötigten wir aber zuerst den Code, welchen das Unternehmen erst herausrücken wollte, wenn die versprochene Bezahlung eingegangen war. Völlig logisch aus dessen Sicht, hätte es doch keinerlei Druckmittel mehr gehabt, sobald der Code an uns übergeben gewesen wäre. Napoleon hätte das Geld bereits Tage zuvor überweisen sollen. Aus mir unbekannten Gründen gab es aber immer Probleme, wenn es um Zahlungen ging. Wenn man schon eine so enge Deadline vorgibt, sollte man nicht selbst der Verursacher solcher Verzögerungen sein. Schlussendlich kam das Geld doch noch bei den Ägyptern an. Was genau das Problem war, tangierte mich nicht wirklich, solange wir nur endlich den Code für den E-Commerce Shop erhalten würden. Dieser wurde uns zum Glück noch am selben Tag um 21 Uhr gesendet, trotzdem viel zu spät, um innerhalb weniger Tage eine funktionierende Erstversion Online stellen zu können.

Dienstag, 02.06.2015

Am nächsten Morgen war meine erste Tat gleich, den Code in unser GitHup Repository hochzuladen und zu commiten, also den aktuellen Entwicklungsstand festzuhalten. Die erste Version unseres Codes war gesichert. Ein Meilenstein für das junge Startup. Und die nächste Premiere für mich stand bereits vor der Tür. Napoleon hatte ein Gespräch mit Investoren aus Kreuzberg vereinbart. Diese hatten bereits zuvor in ein Mietmodell investiert und schienen geeignete Geldgeber für unser Startup zu sein. Dass die Investoren darauf bestanden, auch den CTO kennenzulernen, passte Napoleon überhaupt nicht in den Kram. Er regte sich furchtbar über deren Forderung auf und nahm mich nur zähneknirschend zum Termin mit. Das einzige was er mir im Vorfeld nahe legte war, ich solle bei dem Treffen „sharp" sein. Über weitere Details zu diesem so wichtigen Termin ließ mich Napoleon im Dunkeln, was bei mir zu einer leichten Anspannung führte. Das Büro der

Investoren lag nur 20 Minuten Fußweg entfernt in einem alten Bürogebäude in Kreuzberg. Napoleon und ich wurden von zwei der Investoren sowie einem Praktikanten in ihrem modern eingerichteten Büro sehr freundlich empfangen und in einen kleinen Raum mit Beamer geführt. Wir saßen den dreien am Tisch direkt gegenüber. Als Napoleon begann, den Investoren seine Geschäftsidee vorzustellen, überkam mich zum ersten Mal das Gefühl, mit meinem Einstieg in das Startup die richtige Entscheidung getroffen zu haben. Er präsentierte die Idee und das Geschäftsmodell in nahezu perfektem Englisch und beantwortete alle Fragen der Investoren mit Bravour.

Als wir schließlich das Testsystem des Shops zeigen sollten und vieles nicht wunschgemäß funktionierte, spielten mir meine Nerven einen Streich. Bei den anschließenden Fragen zu IT-Infrastruktur, Code etc. legte ich keinen souveränen Auftritt hin. Die Investoren waren außerdem skeptisch, ob die Code-Qualität der externen Entwickler gut sein würde, denn sie hatten bereits schlechte Erfahrungen mit Freelancern gemacht. Was hätte ich also sagen sollen, außer die Notlüge vorzuschieben, dass der Code super sei und aus IT-Sicht alles bestens laufe. Hatte ich doch bis dato noch nicht einmal selbst einen Blick in den Code geworfen, da wir diesen erst Stunden zuvor erhalten hatten. Meine ziemlich kurzen Antworten nährten die Bedenken der Investoren wohl noch zusätzlich. Als das Gespräch beendet war und wir uns wieder zu Fuß auf dem Rückweg zum Coworking Space befanden, sprach ich Napoleon meine Anerkennung für seine so überzeugende Performance aus. Dieser reagierte darauf eher reserviert und wusste nicht viel mit meinen lobenden Worten anzufangen. Auch schien es ihn zu meiner Verwunderung nicht groß zu stören, dass ich nicht brilliert hatte. Napoleon ärgerte sich jedoch darüber, dass die Investoren uns nur eine lächerlich geringe Summe angeboten hatten. Schließlich wollte er ja ein Milliardenunternehmen aufbauen und hatte andere Beträge im Sinn. Viel Zeit über meine eigene schlechte Performance nachzudenken blieb mir nicht, da im Büro bereits andere wichtige Aufgaben auf mich warteten.

Napoleon verbrachte auch weiterhin einen großen Teil seiner Zeit damit, Investoren an Land zu ziehen, die Geld in unser Startup stecken wollten. Vor der Sommerpause war das aber keine allzu einfache Aufgabe und bedeutete endlose Telefonate mit unterschiedlichen potentiellen Geldgebern. Die Verhandlungen mit den Investoren aus Kreuzberg verliefen schließlich leider im Sande. Da mein Arbeitsplatz direkt neben

Napoleons war, bekam ich von seinen vielen Telefongesprächen nebenbei so einiges mit. Direkte Informationen über den Stand der Dinge waren aber Mangelware, denn Transparenz war für Napoleon von Anfang an ein Fremdwort gewesen. Trotzdem sah ich keinen Sinn darin, jeden Tag nach dem Status der Investorensuche zu fragen. Dass sich die Suche nach geeigneten Kapitalgebern so schwierig gestaltete, lag jedenfalls nicht an Napoleons Art zu pitchen. Diese war schon exzellent, vor allem wie er seinen Pitch immer wieder optimierte und auf sein Gegenüber anpasste.

Für mich war nun der Zeitpunkt gekommen, mich erst einmal in den Code einzulesen, um zu verstehen, wie das Shop-System funktionierte. Da ich im verwendeten Framework Ruby on Rails nur rudimentäre Kenntnisse hatte und auch von SpreeCommerce bisher nur die Oberfläche kannte, war das schon ein hartes Stück Einarbeitungsaufwand. All das hatte ich zu Beginn offen an Napoleon kommuniziert, was ihn nicht davon abhielt, sofort Druck auszuüben.

Der Top-Designer
Kurz nach Einzug ins neue Büro Anfang Juni stieß ein Designer zum Team, der vom ersten Tag an voll auf einer Wellenlänge mit Napoleon war. Es handelte sich dabei um jenen Designer, den Napoleon zwei Wochen zuvor im St. Oberholz getroffen hatte. Aus welchen Gründen auch immer, wurde mir dieser damals nicht vorgestellt. Bereits vor seinem Einstieg hatte der Designer das Website Logo für uns entworfen, von dem Napoleon unglaublich begeistert war und er aus dem Schwärmen gar nicht mehr herauskam. Er sollte sich zukünftig um das Webdesign des Online-Shops kümmern und die Rolle des Produktmanagers einnehmen, was ihm den klingenden Titel „Head of Brand and Product Experience" einbrachte. Der Designer machte zu Beginn einen netten und freundlichen Eindruck auf mich. Nach seinem Studium in Schweden hatte er bereits Startup-Erfahrung gesammelt und hoffte nun, genau wie ich, mit Napoleons Idee voll durchstarten zu können. Da seine Muttersprache nicht Deutsch war, sprachen wir fast nur noch Englisch. Das Team wächst und wird international, dachte ich mir. Jetzt geht es voran.

Aufgrund meiner begrenzten gestalterischen Fähigkeiten hatte ich genau diese Verstärkung benötigt. Rasch merkte ich allerdings, dass der von Napoleon viel gerühmte Designer fachlich rein gar nichts auf dem Kasten hatte. Seine Unfähigkeit konnte er nur für wenige Tage hinter großen

Worten verstecken. Nach ein paar Wochen nannte ich den Designer insgeheim nur noch Pinky, wie eine der Mäuse aus dem Kindertrickfilm „Pinky und der Brain". Pinky war völlig ungeeignet für die Rolle des Produkt-Managers und für die strategische Planung der Weiterentwicklung unseres Online-Shops die denkbar schlechteste Besetzung. Denn gerade in der kritischen Anfangsphase eines Startups braucht man Menschen mit breit gefächertem Wissen und der Fähigkeit zu lernen und sich weiterzuentwickeln. All das war leider bei Pinky nicht vorhanden. Zu meinem Pech war Pinky fortan derjenige, mit dem ich am intensivsten zusammenarbeiten musste. Neben seinem fehlenden Wissen über Softwareentwicklung im Allgemeinen waren seine Kenntnisse im Webdesign ebenfalls sehr überschaubar. Das Einzige was Pinky wirklich gut konnte, war ewig langen CSS[31] Code zu schreiben. Meinen Vorschlag, die Webseiten-Layouts stattdessen mit Bootstrap Grid[32] zu erstellen, was viel effizienter gewesen wäre, hatte er ein halbes Jahr später noch immer nicht umgesetzt. Stattdessen schrieb Pinky lieber tausende Zeilen CSS Code. Dummheit oder Ignoranz? Ich schätze eine gefährliche Mischung aus beidem.

Eine weitere schier unüberwindbare Hürde für Pinky war, dass im Framework Ruby on Rails, statt normaler HTML-Seiten, ein Webseitenformat Namens HAML[33] mit einer leicht veränderten Syntax verwendet wird. Erst nach Monaten der Zusammenarbeit hatte er halbwegs begriffen, wie diese Syntax funktioniert. Eine effiziente Zusammenarbeit war unter solchen Umständen natürlich nicht möglich. Ich musste Pinky immer alles dreimal erklären und selbst dann konnte ich nicht sicher sein, ob er es begriffen hatte. Diese Unfähigkeit war so offensichtlich, dass jeder andere im Team sie bemerkt hatte. Einzig und allein Napoleon schwärmte in den höchsten Tönen von Pinky und bestärkte ihn auch noch, er müsse der beste Produkt-Manager der Welt werden. Da fehlten mir schon die Worte. Denn klar, für seinen fehlenden Intellekt kann man niemandem einen Vorwurf machen, aber für unser Startup mit dem Ziel, in kurzer Zeit sehr viel erreichen zu wollen, war er definitiv nicht der Richtige.

An den genauen Anlass erinnere ich mich nicht mehr, aber es war wieder eine jener Situationen, in denen ich dachte, mich müsse auf der Stelle der Schlag treffen. Wir arbeiteten gerade an einer neuen Funktionalität und ich wies Pinky im Gespräch darauf hin, dass wir noch ein Problem zu lösen hätten. Seine Erwiderung auf meine Aussage war: „Es gibt keine

Probleme in unserem Startup." Als Napoleon das mitbekam, wurde er sofort hellhörig und unterstützte Pinkies Aussage mit voller Überzeugung. Er warf sogar mir vor, ich hätte die falsche Einstellung. Da bin ich jedoch bis heute komplett anderer Meinung, denn wenn man in einem Unternehmen Probleme nicht ansprechen darf, führt dies unweigerlich zu Fehlentwicklungen. Eigentlich völlig logisch, wenn man bedenkt, dass unausgesprochene Probleme niemals gelöst werden und so immer schwerwiegender werden, bis sie schließlich nicht mehr zu bewältigen sind. Thematisiert man auftauchende Schwierigkeiten hingegen sofort, hat man die Gelegenheit eine vernünftige Lösung zu finden und sich dadurch sowohl als Team als auch als Unternehmen weiter zu entwickeln. Ich sprach also auch in Zukunft wichtige Probleme direkt an und war dadurch automatisch der Buhmann, der die Dinge immer nur negativ sah. Napoleon und Pinky hingegen waren sich meist einig und agierten in ihrer Realitätsverweigerung geschlossen gegen mich. Mit zwei solchen Charakteren zusammen zu arbeiten wurde mit der Zeit immer unerträglicher für mich und mein Frust wuchs von Tag zu Tag (siehe Anhang Recherche zum Umgang mit Problemen in Startups).

Die ersten Änderungen und Erweiterungen am *Shop*
Eine besonders wichtige Aufgabe war, die vielen Frontend Bugs zu fixen, die einem Nutzer sofort auffallen würden. Die Einbindung von Google Analytics war dagegen schnell erledigt. Außerdem hatte ich wichtige Backend Bugs zu beheben, mit denen wir nicht Live gehen konnten. Vor dem Start hatte sich Napoleon auch noch unzählige Änderungen am Shop in den Kopf gesetzt, die meines Erachtens für den Start nicht nötig waren und für die wir keine Zeit hatten wie beispielsweise permanente Wechsel der Schriftart, unnötige CSS-Anpassungen, Video-Einbindung oder die unzähligen Änderungen auf der Startseite. Die Zusammenarbeit mit Napoleon war alles andere als einfach und ich hatte meine liebe Not, mich auf die wichtigen Themen zu fokussieren.

Statt mir vor dem Release einfach die finalen Texte zu geben, kam Napoleon fast stündlich mit einer Änderung in Impressum, Datenschutzerklärung oder AGBs zu mir, die ihm gerade spontan eingefallen war. Diese musste ich dann sofort in den Sprachfiles von Ruby on Rails vornehmen - und das gleich in zwei Sprachen. Nach der gefühlt tausendsten Änderung der Sprachfiles platzte mir schließlich der Kragen. Ich teilte Napoleon mit, er solle die Sprachdateien selbst editieren und mir erst zukommen lassen, wenn er damit fertig sei. Trotz der einfachen

Syntax schaffte er es aber nicht, die Sprachfiles korrekt anzupassen und ich musste seine Fehler hinterher wieder beheben. Ich glaube Napoleon hatte einfach keine Lust sich an irgendwelche Regeln zu halten. Er war zu Größerem geboren, als sich an eine lächerliche Syntax zu halten. Der Versuch effizienter zu arbeiten war also gescheitert und nach einiger Zeit machte ich wieder jede Änderung an den Sprachfiles selbst.

Beim Aufbau der Navigation von Websites gibt es einige allgemein gültige Regeln, die Web-Designer auf der ganzen Welt befolgen. Ein Grund dafür ist, dass die Nutzer diese Logiken bereits gelernt haben und sogar erwarten. So ist es auch beim Klick auf das Unternehmens-Logo in der Kopfzeile einer Website. Die Besucher der Seite klicken auf das Logo, um zurück auf die Startseite zu gelangen. Für mich war also klar, dass unser Logo ebenfalls auf die Startseite verlinkt sein würde. Aber nicht für Napoleon! Er hatte sich in den Kopf gesetzt, unsere Besucher direkt vom Logo zu einer eigenen Produkt-Übersichtsseite zu leiten. Was um Himmels Willen sollte das bringen? Außer Verwirrung wahrscheinlich absolut gar nichts. Napoleon schien noch nicht klar zu sein, dass wir nicht die Standards der Website Navigation verändern wollten, sondern das Konsumverhalten unserer Kunden. Er ließ sich auch von meinen logischen Argumenten nicht beirren. Es war wirklich zum Verzweifeln. Erst Monate später sah Napoleon ein, dass ich recht hatte und ich konnte die Verlinkung schließlich ändern.

Die Video-Einbindung auf der Startseite hat für die Funktionalität eines Online-Shops keinerlei Bedeutung. Eher im Gegenteil - jeder bekannte E-Commerce Shop hat Produkte auf seiner Startseite - keine Videos. Das Thema „gelernte Strukturen und Abläufe" wurde vom Dream-Team Napoleon und Pinky erfolgreich ignoriert. Genauso wie mein mehrmaliger Vorschlag, sich einfach an der Startseite von Amazon zu orientieren, die jahrelang auf eine hohe Conversion Rate[34] optimiert wurde. Ich hatte keine Chance. Beide waren Feuer und Flamme für die Video-Idee. Wir mussten um jeden Preis anders sein. Und das, obwohl unser Geschäftsmodell schon sehr speziell war und der Fokus darauf hätte liegen sollen. Aber damit nicht genug. Anstatt das Video nach dem Release einzubinden und uns auf die Behebung der kritischen Bugs zu konzentrieren, mit denen wir nicht Live gehen konnten, blieb das Video für Napoleon und Pinky Thema Nr. 1. Ich erinnere mich noch an jenen Abend. Es war bereits sehr spät und ich hatte einen anstrengenden Tag hinter mir. Trotzdem wollten Napoleon und Pinky unbedingt noch verschiedene Videos testeten und wir probierten ihre Vorschläge gemeinsam aus. Geschlagene drei Stunden - bis spät in die Nacht hinein - verbrachten wir dann mit dieser unnötigen Tätigkeit. Die Videos waren schon fast psychedelisch und eines war schrecklicher als das andere. Auf jeden Fall komplett ungeeignet für einen E-Commerce Shop. Bis die Integration des ausgewählten Videos auf allen Browsern und mobilen Geräten funktionierte, vergingen am nächsten Tag noch einige weitere Stunden. Mit ihrer Video-Idee brachten mich Napoleon und Pinky in dieser stressigen Zeit wirklich zur Weißglut. Und wofür das alles? Ende der Geschichte war, dass wir nicht einmal drei Wochen später das Video durch ein normales Bild ersetzten, wie es auch in anderen Online-Shops zu finden ist.

Anstatt so viel Zeit für den gerade beschriebenen Unsinn zu verschwenden, hätten wir besser den Checkout-Prozess robuster gestalten sollen. Dieser ist bei einem Online-Shop der mit Abstand sensibelste Teil. Hier muss man den Kunden dazu bringen, alle nötigen Schritte zu durchlaufen, seine Daten einzugeben und schließlich die Bestellung verbindlich abzuschließen. Unser Checkout-Prozess fand über eine Javascript Overlay Sidebar statt. Wenn man auf den „in den Warenkorb"-Button klickte, wurde eine Sidebar eingeblendet, welche den Inhalt des Warenkorbes anzeigte. Diese spezielle Anforderung hatte Napoleon extra durch das ägyptische Unternehmen programmieren lassen. Leider war sie überhaupt nicht ausgereift. Eingabefehler waren nicht gekennzeichnet und der Nutzer wusste oft nicht, wo es im Prozess weitergeht, da er nicht automatisch an die betreffende Stelle geführt wurde, sondern selbst scrollen musste. Wenn er bis zu diesem Zeitpunkt noch nicht aufgegeben hatte, tat der Nutzer dies vermutlich beim nur teilweise sichtbaren Bezahl-Button. Als Krönung erhielt man nach dem erfolgreichen Checkout statt der üblichen Bestätigungsseite ein Javascript Alert Fenster, was zu den „Bad Practice" Beispielen zählt, die ein professioneller Web Designer unbedingt vermeiden sollte. Dadurch wird der gesamte Browser blockiert und eine zusätzliche Aktion vom Benutzer zum Abschluss des Bestellvorganges ist nötig, um nur zwei von mehreren negativen Auswirkungen zu nennen.

Die Einblendung der Sidebar führte bei mobilen Endgeräten immer zu Problemen. Im Speziellen das Ausfüllen der Formulare für die Lieferadresse war fehleranfällig. In Zeiten des Mobile First-Ansatzes war es ein absolutes „No go", so eine Version zu veröffentlichen. Ich plädierte sofort dafür, die Sidebar wieder zu entfernen und den Checkout-Prozess auf einer eigenen Seite abzubilden. Dieser Schritt hätte auch den positiven Effekt gehabt, den User beim Checkout nicht abzulenken und bis zum Ende im Prozess zu halten. Aber da hatte ich die Rechnung ohne Napoleon gemacht. Seine heiß geliebte Sidebar wollte er um keinen Preis aufgeben und war felsenfest davon überzeugt, im Recht zu sein. Im Nachhinein betrachtet, wurde mir klar, dass die schlechte Usability Napoleon und Pinky nicht aufgefallen war, weil sie nie richtig getestet, geschweige denn den Checkout-Prozess je bis zum Ende durchgespielt hatten. In Summe gesehen, wäre der Zustand des Checkout-Prozesses alleine Grund genug gewesen, den Go-Live Termin platzen zu lassen. Ich jedoch beschäftigte mich die ganze Zeit mit - aus Napoleons Sicht - wichtigeren Themen und kam nicht einmal dazu, den Checkout anzufassen.

Montag, 08.06.2015
Der Tag, an dem wir Online gehen sollten, war gekommen. Bis zum letzten Moment hatte ich alles versucht, die vielen offenen Bugs zu fixen. Da der Großteil meiner Zeit aber für unnötige Änderungen draufgegangen war, konnte nicht einmal das durchgearbeitete Wochenende etwas retten. Einmal abgesehen davon, war dieser Go-Live Termin von Anfang an nicht zu halten gewesen. Was Napoleon nicht davon abhielt - trotz meiner Bedenken - bis zum Schluss daran festzuhalten. Außerdem war sowieso der Produktkatalog noch nicht vollständig in den Online-Shop eingepflegt worden. Dazu benötigten wir Bilder und Texte in Deutsch und Englisch von allen Produkten, die wir vermieten wollten. Pinky sollte sich um die Bilder kümmern, die Texte wurden von einem unterbezahlten Freelancer erstellt. Wen sollte es da noch verwundern, dass nichts davon pünktlich und in einer guten Qualität fertig war? Entsprechend der Bezahlung war auch die Qualität der Texte katastrophal. Da wir zu diesem Zeitpunkt noch kein Werkzeug hatten, um die Inhalte automatisch in den Online-Shop bringen zu können, mussten Produkte mit Bildern und Texten von Hand in SpreeCommerce angelegt werden. Diese Aufgabe hatten sich Napoleon und Pinky dann für das darauffolgende Wochenende vorgenommen. Wie ich später erfuhr, hatte Napoleon sich die Hände dabei wieder einmal nicht schmutzig gemacht und Pinky den ganzen Produktkatalog alleine einpflegen lassen. Als ich den vermeintlich fertigen Produktkatalog sah, wusste ich sofort, dass das Ergebnis unbrauchbar war. Pinky hatte die Produkte im Shop-System völlig falsch konfiguriert und ich musste mit

der ganzen Arbeit von vorne beginnen. Wen wundert es da noch, dass ich mit meiner Zeit hinten und vorne nicht auskam, wenn ich ständig Pinkies Fehler ausbügeln musste.

Der geplante Veröffentlichungstermin fiel dann, aus oben genannten Gründen, erst einmal ins Wasser. Noch mehrere Male kündigte Napoleon den Start des Online-Shops an, ließ diesen aber immer wieder platzen. Langsam merkte ich, dass diese willkürlich gesetzten Deadlines genauso schnell wieder verschoben wurden, wie Napoleon sie gesetzt hatte. In den nächsten Wochen und Monaten gab es noch so manche Frist, die man nicht für voll nehmen konnte. Nun kamen immer größere Zweifel an Napoleons Absichten in mir hoch und ich fragte mich, ob wir wohl jemals Online gehen würden. Das ganze Unternehmen entwickelte sich überhaupt nicht nach meinen Vorstellungen und der massive Druck in Kombination mit unrealistischen Vorgaben, weckte in mir den Gedanken, auszusteigen. Ich konnte mich aber einfach nicht zu dieser Entscheidung durchringen. Dazu fehlte mir der klare Kopf und die nötige Zeit mit etwas Abstand nachzudenken. Hinzu kam das Dilemma, dass ein Ausstieg immer schwieriger wurde, je mehr Zeit und Energie ich in das Projekt investiert hatte. Ganz zu schweigen davon, dass ich an einem etwaigen „großen Ding" unbedingt teilhaben wollte. Da hatte mir, um ehrlich zu sein, meine eigene Gier nach Erfolg einen Strich durch die Rechnung gemacht. Wenn das Startup ohne mich durch die Decke ginge, würde ich mir gewaltig in den Arsch beißen. Schlussendlich hielt mich aber meine Eigenschaft, einmal Angefangenes auch durchzuziehen, in dieser Misere gefangen.

Tag der Wahrheit - Start des Online-Shops und die ersten Kunden

Trotz des immer wieder hinausgeschobenen Release Datums für den E-Commerce Shop und der dadurch gewonnenen Zeit für das Thema Preiskalkulation, waren wir meilenweit davon entfernt, vernünftige Preise berechnen zu können. Napoleons Anweisung von Anfang Juni, ich solle mich von nun an ausschließlich um den Online-Shop kümmern und DS1 nicht mehr beim Price Prediction Thema unterstützen, zeigte nun ihre Folgen. DS1 benötigte ohne meine Hilfe viel mehr Zeit für die Umsetzung, als geplant. Die Crawler sollten längst fertiggestellt sein und Tag und Nacht Preise von verschiedenen Webseiten sammeln. Denn um seriöse Preise für unsere Produkte bestimmen zu können, wäre eine umfassende Datenbasis eine unverzichtbare Grundlage gewesen. Mit den wenigen verfügbaren Daten, konnten wir keine zuverlässige Berechnung der Monatsmietpreise durchführen. Meiner Vermutung nach, hat Napoleon die Produktpreise eher Pi mal Daumen kalkuliert und diese vor dem tatsächlichen Go-Live noch gefühlte 100 Mal angepasst. Überhaupt bereitete mir die ganze Preisthematik immer größere Bauchschmerzen, da unser Geschäftsmodell am Ende des Tages nur profitabel sein würde, wenn die zugrundeliegende Kalkulation stimmte. Nur wenn die Mietpreise höher waren, als der Wertverlust der Produkte, würde das Geschäftsmodell aufgehen.

Mittwoch, 24.06.2015
An diesem Morgen teilte mir Napoleon wieder einmal mit, dass der E-Commerce Shop nun endlich „Live" gehen sollte. Nach unzähligen solcher Ankündigungen in den letzten Wochen, dachte ich nur „nicht schon wieder" und war sehr skeptisch, was die nächsten Stunden bringen würden. Noch dazu sollte an diesem Tag ein Artikel über uns auf einem bekannten englischsprachigen Tech-Blog erscheinen. Da unsere Domains bis zu diesem Zeitpunkt aber nur auf eine Landing Page führten, auf der man sich für einen Newsletter anmelden konnte, war ein Launch vor Erscheinen des Artikels extrem wichtig für einen erfolgreichen Start. Jeder Leser, der unseren Shop aufgerufen und keine Angebote vorgefunden hätte, wäre vielleicht nie wieder zurückgekommen und wir hätten viele potentielle Kunden vergrault.

Schon vormittags hatte ich versucht, Napoleon und Pinky zu erklären, dass eine Aktualisierung der DNS (Domain Name System[35])-Einträge einige Zeit dauern kann - die so genannte DNS Propagation Time. Die Änderung an einer Domain ist schnell gemacht, es kann aber bis zu 48 Stunden dauern, bis die Übermittlung auf alle anderen Domain-Server erfolgt ist. In der Zwischenzeit kann es passieren, dass Aufrufe der Domain immer noch auf die alte Website geleitet werden. In den meisten Fällen geht die Aktualisierung der DNS-Server rasch vonstatten. Eine Garantie dafür, dass wirklich alle Server sofort aktualisiert werden, hat man aber nie. Trotz meiner Warnung wurden alle Bedenken meinerseits in den Wind geschlagen. Noch erschwerend kam hinzu, dass wir erst umstellen konnten, sobald wir eine finale Version hatten. Es war bereits Mittag und anstatt es gut sein zu lassen und sich mit dem zufrieden zu geben, was wir hatten, bestand Napoleon auf weiteren Änderungen. Wir sollten auf den letzten Drücker eine spezielle Länderauswahl im Navigationsmenü einbauen, die natürlich noch nicht fertig war. Eine völlig unnötige Aktion, so kurz vor dem Launch. Aber meine Einwände waren einmal mehr umsonst und wurden mit dem Argument abgetan, dass die Seite „perfekt" sein müsse. Dabei hatte Napoleon anscheinend die unzähligen Bugs vergessen, die noch in der Software versteckt waren. Die Stimmung wurde am Nachmittag immer hektischer. Am Ende bekam Napoleon wie immer seinen Willen. Pinky und ich schafften es unter extremem Zeitdruck, eine Version nach seinen Ansprüchen fertigzustellen. Müßig zu erwähnen, dass ich zwei Tage später die komplette Länderauswahl erneut umbauen musste.

Um 17:34 Uhr war es endlich soweit. Ich stellte die Domains auf den neuen Online-Shop-Server um. Wir waren tatsächlich Live! Ich konnte es kaum glauben und notierte mir den genauen Zeitpunkt, um diesen historischen Moment festzuhalten, auf den ich schon nicht mehr zu hoffen gewagt hatte. Nur wenige Minuten später - kurz vor 18:00 Uhr - ging dann auch der zuvor angekündigte Artikel auf dem Tech-Blog online. Aber wie ich bereits befürchtet hatte, reichte die kurze Zeit für die DNS-Aktualisierung nicht aus. Die Hälfte der Leser wurde auf die alte Seite mit der Newsletter-Anmeldung geleitet. Napoleons Aufschrei war groß und er beschuldigte mich sofort, nicht ausreichend kommuniziert zu haben, dass die DNS-Aktualisierung einige Zeit dauern kann. Im ersten Moment glaubte ich, mich verhört zu haben. Hatte ich doch von Anfang an auf die Risiken einer kurzfristigen Umstellung hingewiesen und Napoleon und Pinky mich nicht ernst genommen. Jetzt wurde uns die Rechnung präsentiert. Aber trotz all des Ärgers hatten wir es geschafft.

Der Shop war Online! Ab sofort sollte es nur noch bergauf gehen und wir konnten voll durchstarten. Zur Feier des Tages spendierte Napoleon in seiner ganzen Großzügigkeit eine Cola für jeden von uns. Von Entspannung konnte bei mir aber keine Rede sein. Sofort war ich damit beschäftigt Error Logs durchzusehen und die Fehlermeldungen aufzulisten. Wie erwartet, schlugen nun alle nicht behobenen Bugs der Software auf und ich verbrachte die nächsten Tage damit, jeden einzelnen zu analysieren und zu beheben.

Am Tag nach dem chaotischen Release flatterte tatsächlich unsere erste Bestellung herein. Ein aufregender Moment. Leider waren wir auf unsere Kunden überhaupt nicht vorbereitet, hatten kein Logistik-System und wussten nicht einmal, wie wir die einzelnen Produkte verpacken sollten. So war es an Napoleon selbst, die ersten Bestellungen eigenhändig abzuwickeln. Ein niederer Dienst, den er schnellstmöglich abgeben wollte. Pinky verabschiedete sich am selben Tag gleich für vier ganze Tage in einen Kurzurlaub auf ein Musikfestival, was ja an sich nicht weiter problematisch wäre. Die Tatsache, dass ich darüber erst am Vorabend informiert wurde, zeigte aber einmal mehr die fehlende Wertschätzung und Transparenz in unserem Startup.

Freitag, 27.06.2015
Zu meiner Überraschung kam an diesem Freitagabend Napoleons Freundin ganz hektisch in unser Büro gestürmt. Wie sich herausstellte, hatten sie ein Wochenende in Paris geplant und mussten dringend zum Flughafen. Napoleon schien jedoch vom bevorstehenden Kurztrip nicht sehr begeistert zu sein und wollte sicher lieber ein weiteres Wochenende durcharbeiten. Da hatte er die Rechnung aber ohne seine bessere Hälfte gemacht. Nachdem sie ihn regelrecht vom Notebook weggezerrt hatte, machten sie sich endlich auf den Weg. Bis zu diesem Moment wusste ich nichts von Napoleons Paris-Trip, sonst hätte ich dieses Wochenende sicher anders gestaltet. Über Privates sprach Napoleon während unserer gemeinsamen Zeit fast nie. Da gab es wohl auch nicht wahnsinnig viel zu erzählen, da sich sein Leben fast nur um die Arbeit drehte. Diese Einschätzung bestätigte sich noch in derselben Nacht, als ich um 01:00 Uhr diverse Nachrichten im Slack-Messenger von ihm erhielt. Romantische Zweisamkeit sieht für mich definitiv anders aus.

Nicht nur Berlin, sondern gleich die ganze Welt
Einer unserer größten strategischen Fehler von Beginn an - der fehlende

Fokus auf einen Markt - sollte uns nun zum Verhängnis werden. Bei einem Launch der zb nur auf Berlin beschränkt gewesen wäre, hätten wir viele Pakete selbst ausliefern können. Dass dieser schnelle und persönliche Service bei den Kunden super ankommt, hatten wir anhand von zwei bis drei Berliner Bestellungen, die wir selbst ausgeliefert hatten, schnell gemerkt. Diese Begeisterung marketingtechnisch für uns zu nutzen und mit einer Lieferung innerhalb Berlins noch am selben Tag zu werben, haben wir aber versäumt. Durch diesen nicht alltäglichen Service, hätten wir uns von anderen E-Commerce Anbietern absetzen und zufriedene Berliner Kunden zu persönlichen Multiplikatoren machen können. Außerdem hätte der Fokus auf einen begrenzten Markt gezieltere und daher kostengünstigere Werbung auf Facebook und Co. ermöglicht.

Für Napoleons Größenwahn war Berlin jedoch nicht groß genug. Oh nein, es mussten gleich ganz Deutschland und Großbritannien sein. Zwei große Länder mit unterschiedlichen Sprachen und Währungen. Die dadurch entstandene zusätzliche Komplexität war Gift für ein schnelles Wachstum in der Anfangsphase unseres Startups. Zu allem Überfluss hatte Napoleon, ohne ersichtlichen Grund, auch noch die Mietpreise für Großbritannien um 20% höher angesetzt als für Deutschland. So viel also zu einer fundierten Preiskalkulation. Wer sich nun fragt, woher diese strategische Fehlausrichtung gekommen war, findet hier die Antwort. Napoleon schien sich nicht darüber im Klaren zu sein, dass er nicht mehr bei Rocket Internet tätig war. Das Unternehmen war darauf spezialisiert, bereits erprobte und schnell skalierbare Geschäftsmodelle in neue Märkte zu bringen. Da kann es schon einmal vorkommen, dass ein Produkt an einem Tag gleich in mehreren Ländern ausgerollt wird. Unser Startup war aber in einer gänzlich anderen Ausgangssituation. Wir hatten ein nicht erprobtes Geschäftsmodell, dessen Erfolg aufgrund fehlender Tests im Vorfeld noch völlig unklar war und wussten noch nicht einmal, an welchen Stellschrauben wir drehen mussten, um am Markt bestehen zu können. Die Strategie, mit einem Test-Markt zu starten, das Geschäftsmodell zu verifizieren und auf dieser Basis schrittweise die Expansion in weitere Märkte voranzutreiben, hätte ein adäquates Vorgehen für unser junges Unternehmen dargestellt. Um das jedoch einsehen zu können, war Napoleon noch viel zu sehr im „Rocket-Modus". Laut seiner Aussage, hatte er einige Monate zuvor die Möglichkeit, seine Idee vor dem großen Oliver Samwer zu pitchen. Wenig überraschend, dass dieser sogleich ablehnte. Der Ansatz passte einfach nicht in das „Copycat" Portfolio, mit dem das Imperium weltweit für Aufsehen sorgte.

Skype-Konferenz und die Experience Page
Durch unseren Seed-Investor wurde uns regelmäßig Expertenunterstützung zu unterschiedlichen Themen angeboten. Napoleon führte diese Skype-Gespräche fast immer ohne uns. Nur an eine Gelegenheit erinnere ich mich genau, zu der Pinky und ich netterweise am Expertengespräch teilhaben durften. Genau genommen waren wir auch bei diesem Austausch nur stille Beobachter, die Meinung des Experten war aber sehr wichtig für mich. Konkret ging es um Napoleons und Pinkies Idee eine Experience Page aufzubauen, um die Nutzer möglichst lange auf unserer Seite zu halten. Bis zum Schluss war mir dabei die Sinnhaftigkeit nicht klar. Erstes und wichtigstes Ziel eines Online-Shops muss es doch sein, die Bestellabwicklung so effizient wie möglich zu gestalten. Napoleon sah das augenscheinlich anders und verwies auf Facebook, wo sich die Nutzer ja auch über eine längere Zeit aufhalten würden. Unseren E-Commerce Shop mit einer sozialen Plattform wie Facebook zu vergleichen, hielt ich allerdings immer für grundfalsch. Und siehe da, auch der Experte unseres Seed-Investors war der Ansicht, wir sollten uns auf einen möglichst reibungslosen Ablauf des Checkout-Prozesses konzentrieren und nicht versuchen, die Leute ohne erkennbaren Grund auf der Website zu halten. Erleichtert registrierte ich, dass der Experte die gleiche Meinung hatte, nachdem ich zuvor bereits begonnen hatte, an mir selbst zu zweifeln.

Das Verschwinden von DataScientist 1
Bereits nach wenigen Wochen der Zusammenarbeit deutete sich an, dass Napoleon und DS1 nicht gut miteinander auskommen würden. Warum er ihn überhaupt erst eingestellt hatte, blieb mir daher ein Rätsel. Napoleon bevorzugte eigentlich Menschen, die ihm nach dem Mund redeten und DS1 und ich gehörten definitiv nicht zu dieser Kategorie, sondern taten grundsätzlich unsere Meinung kund. Sein Liebling war eindeutig der redegewandte DS2. Eine Erklärung dafür fand ich erst etwas später. Das Sprichwort „Gleich und Gleich gesellt sich gern", beschreibt dieses Phänomen sehr treffend. Während DS1 Dinge rational hinterfragte und auch seine Meinung vertrat, schwadronierte DS2 nur über die großartigsten Visionen, welche in dieser Phase unseres Startups ohnehin unerreichbar waren. Napoleon - seines Zeichens großer Visionär - sollte uns durch dieses Verhalten noch oft viel Zeit kosten.

Für Anfang Juni hatte DS1 eine Reise in die USA geplant, um seine dort studierende Freundin zu besuchen. Napoleon war von der drohenden Abwesenheit einer billigen Arbeitskraft gar nicht begeistert und DS1 hätte um ein Haar die Reise sausen lassen. Die Übernahme der Kosten für das Flugticket bei nicht angetretener Reise hatte Napoleon jedoch gleich abgelehnt, was die Situation um ein Haar eskalieren ließ. Schließlich einigten sich die beiden darauf, dass DS1 „Remote" aus den USA arbeiten sollte. Nach seiner Rückkehr aus Amerika wurde DS1 prompt von Napoleon beschuldigt, nicht genug für das Team da zu sein. Einige Tage, nach einem Gespräch unter vier Augen, war DS1 verschwunden. Seit diesem Tag habe ich nie wieder etwas von ihm gehört und Napoleon hat auch nicht versucht, seinen plötzlichen Weggang zu erklären. Ich vermute, dass er uns allen signalisieren wollte, wer nicht nach seiner Pfeife tanzt ist raus. Es konnte jeden treffen. Die gute Nachricht für mich – ich war zu diesem Zeitpunkt unverzichtbar. Umso mehr seit dem mutmaßlichen Rauswurf von DS1. Und das war der negative Aspekt an der Geschichte: Auf einmal war ich für die gesamte Price Prediction Thematik verantwortlich und musste mich auch noch mit DS2 herumschlagen, der den ganzen Tag nur große Reden schwang. Darauf hatte ich nun wirklich keinen Bock.

Logistik und der 1. Praktikant
Anfang Juli stieß der erste unbezahlte Praktikant (P1) zum Team. Er hatte ein abgeschlossenes VWL-Studium vorzuweisen und war somit nicht auf ein Pflichtpraktikum angewiesen. Napoleon konnte es kaum abwarten, das lästige Logistik Thema sogleich an P1 abzugeben und ihn ab sofort Pakete einpacken zu lassen. Selbst produktiv zu arbeiten war nicht so sein Ding. Dafür war Napoleon Weltmeister im Delegieren und ließ P1 Überstunden machen und alle Aufgaben erledigen, für die er sich selbst zu schade war. Damit hatte dieser natürlich nicht gerechnet, da er ja freiwillig hier war und sogar ohne Bezahlung erste Berufserfahrung sammeln wollte. Aber da kannte Napoleon kein Erbarmen. Da er selbst zu Studienzeiten Praktika in hochkarätigen Unternehmen absolviert und seither immer wie ein wilder gearbeitet hatte, erwartete er das auch von jedem seiner Mitarbeiter. Außerdem gehörte es in der Berliner Startup-Szene praktisch zum guten Ton, Praktikanten auszubeuten. Als sich die Situation nach ein paar Tagen nicht gebessert hatte, bat P1 Napoleon um ein Vieraugengespräch. Nachdem er an diesem Nachmittag das Büro verlassen hatte, saßen nur noch Napoleon, Pinky und ich an unseren Schreibtischen. Napoleon begann, sich über P1 lustig zu machen, weil

dieser ihm von seiner Freundin erzählt hatte, die neu in der Stadt war und mit der er gerne mehr Zeit verbringen wollte. So etwas konnte Napoleon beim besten Willen nicht nachvollziehen und zog munter weiter über P1 her. Da er mit dem Rücken zur Tür saß, merkte er nicht, dass sich dieser wieder auf dem Rückweg ins Büro befand, weil er etwas vergessen hatte. Ich dagegen sah P1 plötzlich durch die Tür kommen und gab Napoleon sofort ein Zeichen, mit der Lästerei aufzuhören. Keine Sekunde zu früh, denn der Praktikant stand bereits wieder an seinem Arbeitsplatz, schien aber von alldem nichts mitbekommen zu haben. Da P1 freiwillig und unentgeltlich für unser Startup arbeitete, akzeptierte Napoleon schließlich seinen Wunsch nach mehr Freizeit. Sich wieder selbst um alle Pakete kümmern zu müssen, hätte eine viel schlechtere Option für ihn dargestellt. Ganz nach dem Motto „einem geschenkten Gaul schaut man nicht ins Maul".

Eines Tages erhielt P1 von Napoleon den Auftrag, eine Grundausstattung an Büromaterial zu besorgen. Auf den ersten Blick eine einfache Aufgabe und so ging er - nichts Böses ahnend - los und kaufte Stifte, Blöcke und was man sonst noch zum Arbeiten braucht, ein. Zurück im Büro fragte Napoleon P1 nach einem Blick auf die Rechnung ganz entgeistert, warum er ganze 2 Euro für einen Notizblock ausgegeben habe. Dieser wusste gar nicht recht wie ihm geschah und brachte nur kleinlaut zu seiner Verteidigung vor, es habe in diesem Laden keine anderen Blöcke gegeben und er wollte keine Zeit dafür verschwenden nach einer Alternative zu suchen.

Unvorbereitet wie wir waren, wickelten wir die Lagerverwaltung via Google Sheets in Tabellen ab. Schnell entwickelte sich diese Vorgehensweise zu einer echten Katastrophe. Der einzige der den Überblick bewahrte, war Napoleon selbst, zumindest hatte er das immer behauptet. Mit der Zeit wurde das Google Sheets Dokument immer größer und komplexer und war am Ende fast nicht mehr zu verwalten, da immer mehr Leute daran gearbeitet hatten. Zu allem Überfluss gab es auch noch einen Streik bei DHL, der einiges Chaos nach sich zog. Kunden beschwerten sich über verloren gegangene, nicht oder zu spät ausgelieferte bzw. ohne Ankündigung gelieferte Pakete. P1 war voll mit der Lösung dieser Fälle beschäftigt, telefonierte Stundenlang mit der DHL-Hotline und hatte bald einige Bekannte dort. Einmal musste er sogar in ein Kaff nach Brandenburg fahren, um ein verloren geglaubtes Paket in einer DHL-Außenstelle abzuholen. Diese ganze Streik-Thematik brachte Napoleon zur Weißglut. In seiner Wut ließ er sich zu der Aussage hinreißen, dass, wenn er etwas zu sagen hätte, als erstes die Gewerkschaften abgeschafft würden.

Startup-Leben - Überleben

Das Startup-Leben stellt man sich gemeinhin als recht erfüllend und spannend vor. Ehrgeizige Menschen arbeiten gemeinsam voll motiviert an der Umsetzung einer großen Idee. Der Beruf ist Berufung und abends kommt das ganze Team noch auf ein Feierabendbier in der Kneipe zusammen, bis man am nächsten Tag guter Laune wieder ans Werk geht. Zwischendurch trifft man sich auf Veranstaltungen der Gründerszene und verbringt die Abende mit „Networking". Natürlich gibt es Höhen und Tiefen, aber grundsätzlich herrscht eine positive Aufbruchsstimmung. So hatte ich mir das Startup-Leben vorgestellt. Die Realität sah in unserem Startup leider komplett anders aus. Ich wurde permanent angeschnauzt, arbeitete zwölf Stunden oder mehr am Tag, kam spät abends nach Hause und fiel in mein Bett. Das Ganze sechs Mal die Woche über Monate hinweg. Ich war in einem zerstörerischen Hamsterrad gefangen. Nach einiger Zeit hatte mich die Situation so weit zermürbt, dass mir an meinem einzigen freien Tag die Energie fehlte, etwas zu unternehmen. Ich brauchte jede Minute zur Regeneration, um wieder neue Kraft zu tanken.

Unser Büro befand sich in einem ziemlich angesagten Coworking Space in Berlin Kreuzberg, nur einen Steinwurf vom bekannten Checkpoint Charlie entfernt. In zwei großen Räumen in einer Halle hatten die verschiedenen Startups ihren Platz zum Arbeiten. Bei den regelmäßig stattfindenden Veranstaltungen des Coworking Space, wurde großer Wert darauf gelegt, eine Community unter den Startups aufzubauen und die Kommunikation zu fördern. Jeden Freitag gab es ein gemeinsames Frühstück, mit dem Ziel, sich besser kennenzulernen und zu vernetzen. Extra dafür wurde eine lange Tafel aufgebaut, um die alle versammelt saßen und sich austauschten. Jedes Startup hatte dabei die Gelegenheit sich vorzustellen, neue Entwicklungen anzukündigen oder über eine erfolgreiche Finanzierungsrunde zu berichten. Zu Beginn nahm unser Team auch einige Male daran teil. Napoleon ließ aber sofort durchblicken, dass er dies für reine Zeitverschwendung halte. Kurze Zeit später hörte ich dann auf, das Frühstück zu besuchen, weil ich mich nicht auch noch deswegen von ihm zur Schnecke machen lassen wollte. Ich wurde ohnehin bereits wegen jeder Kleinigkeit angemeckert, die nicht seinen Vorstellungen entsprach und kam vor lauter Rechtfertigungen bald nicht mehr zum Arbeiten. Aber wenigstens beim alljährlichen

Tischtennisturnier wollte ich gerne mit dabei sein. Wir hätten als eigenes Team antreten können, um unseren Zusammenhalt zu stärken. Da das Turnier an einem normalen Arbeitstag um 18 Uhr stattfand, war aber klar, dass eine Teilnahme zu einer Auseinandersetzung mit Napoleon führen würde. Um diese Uhrzeit war unser Arbeitstag nämlich noch lange nicht beendet.

Die Stimmung im Team war alles andere als gut. Jeder versuchte, es Napoleon recht zu machen, damit er sich bloß nicht aufregte und kein Streit entstehen konnte. Dinge, die in einem normalen Büroalltag dazu gehören, waren bei uns undenkbar. Da ich meinen Arbeitsplatz direkt neben Napoleons hatte, bekam ich jede seiner Launen ungefiltert zu spüren. Nur sehr selten erzählte jemand etwas Privates oder machte einmal einen Witz. Stattdessen starrten wir auf unsere Bildschirme und verhielten uns so unauffällig wie nur möglich. Ein Arbeitsklima zum Frösteln, wie man es sich nur vorstellen kann, wenn man es selbst erlebt hat.

Pinky und ich hatten uns nach den ersten Erfahrungen bereits eine Strategie zurechtgelegt, wie wir Napoleon das Design für neue Funktionen präsentierten. Es war nämlich fast ein Ding der Unmöglichkeit, ihm etwas bis zum Ende zu zeigen, ohne dass er abschweifte und an einer völlig anderen Stelle etwas zu bemängeln hatte. Wir zeigten ihm deshalb neue Features, wenn möglich, nicht auf seinem eigenen Notebook und sorgten dafür, dass er während der Präsentation selbst nicht klicken konnte. Napoleon hatte zwar ein grundsätzliches Gespür für Design, meiner Meinung nach hätte er aber viel wichtigere Dinge zu tun gehabt, als uns bei jedem Schritt auf die Finger zu schauen und mit Pinky über Schriftarten zu diskutieren. Hätte er sich stattdessen darum gekümmert, einen ordentlichen Versandprozess aufzubauen, wäre uns viel Ärger erspart geblieben.

Für den Release-Prozess hatte ich einen Testserver aufgesetzt, auf den jeder im Team zugreifen konnte. In größeren Unternehmen gibt es eine Reihe verschiedener Entwicklungsserver. Ich hingegen war schon froh, dass wir wenigstens diesen einen Testserver hatten. Bevor eine Änderung Live ging, wurde diese auf dem Testserver installiert. Wie der Name schon vermuten lässt, ist dieser dafür da, den neuen Code auf Fehler zu prüfen und diese zu beheben, bevor die neue Funktion auf dem Produktionsserver allen Kunden zur Verfügung steht. In einem Team fühlen sich normalerweise alle Mitglieder dafür verantwortlich, eine neue Version zu testen und auszuprobieren. Bei uns stellte sich dies aber etwas anders dar. Sobald eine neue Version zum Testen bereitstand, informierte ich Napoleon darüber. Dieser ignorierte den Testserver aber weitgehend und begann erst, die Neuerungen auszuprobieren, als sie bereits auf dem Produktionsserver veröffentlicht waren. Pinky - unser toller Designer - fühlte sich für dieses Thema erst recht nicht zuständig, obwohl er zu einem großen Teil an den neuen Funktionen mitgewirkt hatte. Testen war für ihn ein Fremdwort. Bis ungefähr halb neun am Abend wurde jeden Tag programmiert und dann der aktuelle Entwicklungsstand auf den Testserver gespielt. Oft war Pinky zu diesem Zeitpunkt schon nach Hause gegangen und Napoleon war der einzige außer mir, der noch testen konnte. Nachdem ich sein „OK" erhalten hatte, spielte ich die neue Version auf den Produktionsserver und trat, meist nach 22 Uhr, meinen Heimweg an. Wenig überraschend hatten wir fast immer Versionen veröffentlicht, die noch Fehler enthielten, die Napoleon erst entdeckte, als er später auf dem Produktionsserver herumklickte. Hätte er das bereits in der Testumgebung getan, wären viele Fehler nicht veröffentlicht worden.

Es war Hochsommer und im Coworking Space wurde es im Laufe des Tages unerträglich heiß. Ohne Klimaanlage taten die Deckenfenster noch ihr Übriges, die großen und sehr hohen Räume aufzuheizen. Es gab nur eine fadenscheinige Konstruktion an der Decke, mit der Ventilatoren befestigt waren, bei denen man Angst haben musste, dass sie einen jeden Augenblick köpfen würden. Die Luft staute sich und Abkühlung war nur durch die stets geöffneten Türen zu erwarten. Aus der Halle nebenan, in der sich ein Veranstaltungszentrum befand, hörte man an vielen Abenden die Musik türkischer Hochzeiten und der Lärm der hupenden Autokorsos erfüllte die Büros. Diese Geräuschkulisse in Kombination mit der Hitze machte es fast unmöglich, sich am Ende eines langen Arbeitstages noch zu konzentrieren. Auf dem Heimweg fand ich mich in der mit Partygängern überfüllten U1 wieder und kam durchgeschwitzt und todmüde in meiner Wohnung an. Kaum daheim angekommen, hatte ich oft schon eine Nachricht von Napoleon über Slack, dass ich noch Änderungen vornehmen sollte. Manchmal rief er mich sogar noch nach 23 Uhr an, wenn ich nicht mehr auf seine Nachrichten reagierte. Die verlangten Änderungen waren meist nur Kleinigkeiten wie Kommas, Schriftarten, oder kleine Farbänderungen, die eigentlich fast alle in Pinkies Verantwortungsbereich lagen. Diese Bugs hätten nicht auf der

Stelle gefixt werden müssen. Erst recht nicht, wenn man die geringe Zahl an Nutzern in Betracht zieht, die unsere Website bislang besuchten. Napoleon bestand aber darauf und ich ließ mich meistens überreden, die Änderungen noch in derselben Nacht vorzunehmen. Pinky war zu diesem Zeitpunkt schon längst nicht mehr erreichbar. Zumindest in dieser Hinsicht war er schlauer als ich. Da ich nicht Napoleons „Best Buddy" war, konnte ich mir so etwas jedoch nicht erlauben und die ganze Arbeit blieb an mir hängen.

Ein vernünftiger Softwareentwicklungsprozess
Für die Implementierung jeder noch so kleinen Änderung brauchten wir immer eine halbe Ewigkeit und ich scherzte schon: „Wir sind das langsamste Startup der Welt." Von wegen schnelles „executen", wofür ja Rocket Internet bekannt war. Wir waren das genaue Gegenteil. Napoleon hätte sich Rocket Internet in diesem Punkt als Vorbild nehmen sollen. Statt sich festzulegen und klare Ansagen zu machen, ließ er uns einfach programmieren und kritisierte im Nachhinein jede unwichtige Kleinigkeit. So konnte man einfach nicht schneller vorankommen. Ich hatte zwar volle Verantwortung für den IT-Bereich, konnte aber meine Vorstellungen nicht durchsetzen. Napoleon redete mir laufend dazwischen und kritisierte jede meiner Handlungen. So etwas wie Rückendeckung war von ihm nicht zu erwarten. Ganz im Gegenteil untergrub Napoleon regelmäßig meine Autorität vor Anderen, was meine Arbeit nicht gerade erleichterte.

Es musste sich grundlegend etwas ändern, ansonsten würde ich alsbald im Irrenhaus landen. Der Softwareentwicklungsprozess, wenn man diesen überhaupt so nennen darf, lief immer nach dem gleichen Schema ab. Napoleon hatte sich die Implementierung einer bestimmten Funktion in den Kopf gesetzt und für die Umsetzung völlig unrealistische Zeitvorgaben gemacht. War die Funktionalität nicht in kürzester Zeit fertig programmiert, verlor er das Interesse und sprang sofort zum nächsten Feature, das wieder in viel zu kurzer Zeit geliefert werden sollte. Für Napoleon musste alles „asap"[36] sein und seine Aussage lautete immer „IT muss schneller werden". Dieses Spiel wiederholte sich laufend und machte das Arbeiten sehr ineffizient. Beide Seiten waren unzufrieden mit der Situation. Napoleon, weil es ihm nie schnell genug gehen konnte und ich, weil dieses chaotische Vorgehen extrem kraftraubend war und in keinster Weise meinen Ansprüchen von professioneller Softwareentwicklung gerecht wurde. Immer wieder versuchte ich aufs

Neue einen anständigen Softwareentwicklungsprozess aufzusetzen. Es musste ja nicht gleich der ganz große Wurf sein, aber ohne gewisse Grundstrukturen war es unmöglich, Software in halbwegs guter Qualität und angemessener Geschwindigkeit zu produzieren.

An einem agilen Entwicklungsprozess führte also kein Weg vorbei, wenn wir schneller werden wollten, was ja auch Napoleons erklärtes Ziel war. Nachdem ich mir immer wieder den Mund fusselig geredet hatte, stimmte er irgendwann meinem Plan zu. Mittlerweile kannte ich Napoleon jedoch bereits gut genug, um zu wissen, dass ein strukturiertes Vorgehen mit ihm nicht möglich sein würde. Nichtsdestotrotz gab ich nicht auf und versuchte ein aufs andere Mal einen Entwicklungsprozess zu implementieren. Später wollte ich mir nicht vorwerfen müssen, ich hätte es nicht wenigstens versucht.

Startup-Arbeitszeiten und der Unterschied zwischen Effizienz und Effektivität
In der Startup-Welt übertrumpfen sich die Menschen gerne mit ihrem geleisteten Arbeitspensum. Wenn der eine sagt, dass er 60 Stunden die Woche arbeitet, sagt der nächste gleich, er liegt bei 70. Der dritte in der Runde hat dann erst bei 80 Wochenstunden genug. Erstmal klingt das alles super - vor allem für die Arbeitgeber. Aber mal ganz ehrlich, wer glaubt denn allen Ernstes, dass ein Mensch 14 oder mehr Stunden am Tag produktive Arbeit leisten kann? Schon gar nicht über Monate und Jahre hinweg. Was mich angeht, arbeite ich gerne viel, wenn es sinnvoll ist und ich ein Ziel vor Augen habe - möchte die Zeit am Arbeitsplatz aber auch effektiv nutzen. Beim Programmieren ist dann spätestens nach 8 Stunden Konzentration die Luft raus und man kann sich nicht mehr auf die vor einem liegende Problemstellung fokussieren. Mit etwas Abstand kommt man schneller wieder auf andere Gedankengänge und kreative Lösungsansätze, die besonders für Startups überlebenswichtig sind.

Napoleons Maxime lautete aber nicht Qualität vor Quantität, sondern genau umgekehrt. Er hatte auch den Unterschied zwischen Effektivität - die richtigen Dinge tun - und Effizienz - die Dinge richtig tun - nicht verstanden. Solange man nicht die richtigen Dinge tut, braucht man sich keinen Kopf darüber zu machen, wie man diese möglichst gut umsetzt. Impulsiv wie Napoleon war, musste die erstbeste Idee, die gerade durch seinen Kopf schwirrte, auch gleich ausgeführt werden. Es wurde gar nicht lange überlegt, ob das gerade Sinn machte oder nicht. So saßen wir also unzählige Stunden lang an unseren Schreibtischen, obwohl die Luft schon lange raus und produktives Arbeiten nicht mehr möglich war. Und alles nur, weil Napoleon darauf bestanden hatte. Zeit sinnlos im Büro absitzen, genau das wollte ich mit meinem Startup-Job vermeiden. Wenn ich darauf scharf gewesen wäre, hätte ich auch eine Karriere in einem Konzern anstreben können.

Dienstag, 21.07.2015

Zu diesem Zeitpunkt war mir noch nicht bewusst, dass es völlig egal war, wie viel ich arbeitete. Napoleon war nie zufrieden und verlangte immer noch etwas mehr. Von Dankbarkeit war dagegen nie etwas zu spüren. Ganz im Gegenteil, hatte er mich auf Slack richtiggehend tyrannisiert und mich permanent mit Nachrichten bombardiert. Man konnte schon von echtem Psychoterror sprechen. Irgendwann begann ich schließlich, ihn im privaten Rahmen nur mehr mit dem Pseudonym „Napoleon" zu titulieren. Nachdem der echte Napoleon Bonaparte auch größenwahnsinnig gewesen war, erschien mir dieser Vergleich recht passend. Das Genie von Napoleon Bonaparte konnte ich in ihm aber leider nicht entdecken. Getrieben von der fixen Idee in allem der Beste sein zu müssen, drehte sich Napoleons Welt ausschließlich um sich selbst und sein Verhalten ließ narzisstische Züge erkennen.

Mit der Zeit fühlte ich mich immer unwohler und es kamen - ohne ersichtlichen Grund - Schweißausbrüche und Herzrasen dazu. War es nur die Hitze im Büro oder machte mir ein zu hoher Blutdruck zu schaffen? Nein, das konnte doch nicht sein. Ich hatte die Monate zuvor regelmäßig Sport getrieben und war in guter Kondition. Also suchte ich einen Arzt auf und ließ mich gründlich von oben bis unten durchchecken. Die Blutwerte waren alle in Ordnung und auch sonst konnte der Arzt keine organische Erklärung für meine Symptome finden. Waren das womöglich erste Anzeichen eines sich ankündigenden Burnouts? Vor Napoleon und Pinky ließ ich mir natürlich nichts anmerken. „Nur keine Schwäche zeigen", war mein Motto zu dieser Zeit. Napoleon hatte ja an DS1 bereits eindrucksvoll demonstriert, dass man schneller raus sein kann, als man denkt. Es gab mir jedoch sehr zu denken, dass sich meine Kondition innerhalb kürzester Zeit so sehr verschlechtert haben sollte. Ja, ich hatte bei meinem Einstieg in das Startup-Abenteuer von heute auf morgen aufgrund des Zeitmangels aufgehört, Sport zu machen, aber konnte ich in nur drei Monaten bereits so stark abgebaut haben? Meine

Vermutung war, dass meine Schweißausbrüche und das Unwohlsein eher psychische, denn physische Gründe hatten. Mit der Zeit sah ich bei jeder neuen aberwitzigen Idee und unsinnigem Vorschlag von Napoleon und Pinky nur noch rot und reagierte fast schon allergisch darauf.

Durch Napoleons permanenten Druck war ich so gestresst, dass ich erst Wochen später die Idee hatte, mir die Push-Benachrichtigungen von Slack auf dem Smartphone zu deaktivieren. Viel zu spät kam ich auf diese einfache Möglichkeit, zumindest außerhalb des Büros die psychische Belastung durch Napoleons dauerndes Bombardement mit Nachrichten zu verringern. Erst als mir bewusst wurde, dass meine Gesundheit auf dem Spiel stand, begann ich damit, ab einer gewissen Uhrzeit nicht mehr auf seine Kontaktversuche zu reagieren. Ich versuchte mich innerlich noch mehr von den größten Stressfaktoren abzugrenzen. Das bedeutete konkret, dass ich probierte, Napoleons unrealistische Zeitvorgaben weitgehend nicht mehr ernst zu nehmen. Dieser hatte ja schon den Release-Zeitpunkt zigfach hinausgeschoben und sich selbst nicht an seine Deadlines gehalten. Außerdem versuchte ich die idiotischen Vorschläge der beiden großteils zu ignorieren und mich nicht mehr darüber aufzuregen. Ich bemühte mich wirklich, von da an vieles lockerer angehen zu lassen, was sich in diesem Umfeld alles andere als einfach darstellte. Wirklich erschreckend für mich, dass ich gerade einmal ein paar Wochen nach dem Start mit meiner Energie bereits fast am Ende war.

Napoleon und die Arbeit
In Sachen Arbeitszeiten war Napoleon uns allen ein großes Vorbild. Für Ihn gab es fast keine Auszeiten oder Erholungsphasen und Wochenenden kannte er auch nicht. Auf die Frage, ob er nicht einmal einen Tag Pause brauche, meinte er nur, dass dies bei ihm nicht nötig sei. Als ehemaliger Investmentbanker sei er diese Arbeitsweise gewöhnt und kenne es nicht anders. Er hatte nämlich im Anschluss an sein abgeschlossenes Wirtschaftsstudium als Investmentbanker bei der weltweit operierenden und berüchtigten Investmentbank Goldman Sachs in London gearbeitet. In dieser Zeit wurde ihm sicher das unmenschliche Arbeitspensum sowie die ungesunde Work-Life Balance eingeimpft[37] und bei Rocket Internet war die Situation sicher ähnlich. Einmal hatte Napoleon sogar die gesamte Nacht von zu Hause durchgearbeitet. Völlig durch den Wind und mit roten, glasigen Augen tauchte er am Morgen im Büro auf. Schon von Weitem konnte man erkennen, dass er keine Sekunde geschlafen hatte. Völlig aufgeputscht von zu viel Kaffee und Energy Drinks erzählte

er dem Team ganz stolz von seiner durchgearbeiteten Nacht.

Napoleons Haupttätigkeit war die Investorensuche. Er telefonierte regelmäßig mit Investoren und hatte auch einige persönliche Treffen. Trotzdem war er mit dieser Tätigkeit sicher nicht ausgelastet, da es gar nicht so viele Investoren gab, um den ganzen Arbeitstag mit Gesprächen beschäftigt zu sein. Daneben kümmerte Napoleon sich, zumindest am Beginn, um das Marketing. Da die Buchhaltung ausgelagert war und es noch keine Personalverrechnung gab, verbrachte er den Rest seiner Zeit damit, Pinky, den Praktikanten und mich auf Trab zu halten. Da Napoleons Aufmerksamkeitsspanne nicht länger als ein paar Minuten war, fragte er uns im 10-Minuten-Takt, ob dieses oder jenes schon erledigt sei. Doch was machte Napoleon in der verbleibenden Zeit, in der er uns nicht herumkommandieren konnte? Nach seinen Erzählungen arbeitete er praktisch immer. Doch da hatte er wohl Anwesenheitszeit mit produktiver Arbeitszeit verwechselt. Meiner Ansicht nach kann kein Mensch auf Dauer so viele Stunden produktiv sein. Erst recht nicht bei einer intellektuell fordernden Tätigkeit.

Es wären noch genügend Themen offen gewesen, derer sich Napoleon hätte annehmen können. Eines der wichtigsten war die Analyse des Besucherverhaltens unseres Online-Shops, die durch Napoleons permanenten Druck in alle Richtungen leider viel zu kurz kam. Da er die Integration verschiedener Analyse-Tools auf unserer Website verlangte, schien ihm die Relevanz des Themas schon irgendwie bewusst gewesen zu sein. Darunter waren neben Mixpanel, welches das Klickverhalten der Benutzer aufzeichnet und einem Heatmap-Tool, das ermittelt worauf Nutzer die meiste Aufmerksamkeit richten, auch Optimizely, ein A/B Testing-Tool um zb die Conversion Rate von zwei verschiedenen Startseiten zu testen. Die Integration dieser Tools musste natürlich immer sofort passieren und duldete keinerlei Verzögerung. Mit der Zeit wurde die Liste immer länger. Die Integration solcher Analyse-Tools bringt aber erst einen Mehrwert für das Unternehmen, wenn man fundierte Analysen durchführt und seine Schlüsse daraus zieht. Dazu kam es aber in der Regel erst gar nicht. Wenn ich wieder einmal ein Tool integriert hatte, war Napoleons Interesse bereits beim nächsten Thema gelandet und er interessierte sich nicht mehr dafür. Generell sah er seine Funktion in unserem Startup nur im Erteilen von Befehlen anstatt selbst mit anzupacken.

Stattdessen verbrachte Napoleon stunden damit, über unser Geschäftsmodell zu schwärmen und sich in den unendlichen Möglichkeiten zu ergehen, die es bietet. Dabei redete er sich oft in einen rauschähnlichen Zustand. Ganze Welteroberungsszenarien wurden dann gemeinsam mit Pinky und DS2 geschmiedet. Ich hingegen beteiligte mich an diesen endlosen Diskussionen nur sehr selten. Bei der Menge an Arbeit, die wir tagtäglich zu bewältigen hatten, wollte ich meine Zeit nicht für so etwas verschwenden. Mein Standpunkt dazu war: „Wenn man nicht einmal in der Lage ist, einen soliden E-Commerce Prozess aufzubauen, braucht man sich über solche Visionen erst gar keine Gedanken zu machen." Visionen sind gut und wichtig für ein Unternehmen. Richtig eingesetzt, geben sie Orientierung und Motivation für das Team. Wenn aber so viele Dinge im Argen liegen, sollte man sich erst darum kümmern, anstatt geistig in anderen Sphären schwebend über den glorreichen Siegeszug seines zukünftigen Imperiums zu schwadronieren. Napoleon überschüttete uns mit Aufgaben und übte so permanent Druck auf uns alle aus. Dieser negative Druck bewirkte eher das Gegenteil von dem, was Napoleon im Sinn hatte – nämlich zur Erhöhung unserer Produktivität beizutragen. Nur für Napoleons Visionen war immer Zeit. In einem seiner geistigen Ergüsse meinte er einmal zu mir, er würde nach dem Exit gleich das nächste Startup gründen. An einem Erfolg unserer Unternehmung hat er nie auch nur eine Sekunde gezweifelt.

Marketing und Social Media
Nachdem die Anzahl der Bestellungen nicht gerade berauschend war, mussten wir dringend den Bereich Marketing ausbauen. Unsere bisherigen Marketingmaßnahmen beschränkten sich zu diesem Zeitpunkt auf folgende zwei Bereiche: Das Suchmaschinenmarketing oder auch SEM (Search Engine Marketing) genannt, wofür wir einen externen Dienstleister beauftragt hatten, sowie diverse Social-Media-Aktivitäten auf bekannten Plattformen wie Facebook, Twitter oder Instagram. Bis in den Juli hinein war Napoleon für alle Marketing Themen zuständig und wollte diesen Aufgabenbereich natürlich gerne abgeben. Nach einiger Überzeugungsarbeit konnten Napoleon und Pinky einen jungen Social Media Experten (SME) für uns gewinnen, der gerade bei einem Rocket Internet Startup tätig war. Dieser war erst Mitte zwanzig und wechselte von einem chaotischen Startup in ein noch viel chaotischeres Unternehmen. So hatte er sich das wahrscheinlich nicht vorgestellt. Der SME war von nun an für unseren Social Media Auftritt

auf den oben genannten Plattformen verantwortlich. Er war wirklich ein kreativer Kopf und hatte einige sehr gute Ideen, wie man das Marketing voranbringen könnte. Was Napoleon natürlich nicht davon abhielt, sich weiter gewaltig einzumischen. Aber SME arbeitete unverdrossen den ganzen Tag fleißig weiter und ließ sich von ihm herumkommandieren, ohne auch nur einmal aufzumucken.

Neben den oben genannten Maßnahmen engagierte Napoleon eine PR-Agentur, die einige Werbevideos für uns produzierte. Die Videos stellten einen Bezug zu ähnlichen Ansätzen in anderen Industriezweigen, wie Carsharing oder Musik-Streaming her. Passend zum disruptiven Ansatz - mit dem wir das Konsumverhalten bei elektronischen Gebrauchsgütern verändern wollten - waren sie etwas verstörend und sollten so die Aufmerksamkeit unserer Zielgruppe erregen. Mit einem Wort, die Videos waren klasse und Napoleon hatte bei dieser PR-Agentur wirklich ein gutes Händchen bewiesen. Um ein Video zum viralen Selbstläufer in den sozialen Medien zu machen, braucht es aber eine kritische Masse an Personen, die es teilen und andere darauf aufmerksam machen. Zum Zeitpunkt der Veröffentlichung, hatten wir noch nicht genügend Facebook-Fans und das Echo fiel entsprechend verhalten aus. Der erhoffte Hype verpuffte bereits im Ansatz und die teuren Clips waren ein glatter Reinfall. Napoleon hatte sich zu früh auf das teure Video-Marketing eingeschossen und war, einmal für seine Idee entflammt, mit keinen noch so vernünftigen Argumenten mehr davon abzubringen. Auch eine Art, wertvolle Zeit und Geld zu verschwenden. Das Geld hätten wir beispielsweise in ein vernünftiges Erklärvideo investieren können, das zum besseren Verständnis unseres doch recht neuen Geschäftsmodells bei potentiellen Kunden beigetragen hätte.

Freelancer-Alarm

Da die Arbeit am Online-Shop alleine nicht zu schaffen war, holten wir kurzfristig wieder das ägyptische Unternehmen mit an Bord, das schon die erste Version des Shops programmiert hatte. Mein Fokus lag immer noch auf dem Frontend, der Oberfläche die für den Benutzer sichtbar ist. Im Backend, dem Teil der Software, der auf dem Server läuft und die Daten verwaltet, sammelten sich einstweilen viele, aus meiner Sicht kritische Bugs. Pinky war leider keine große Hilfe, sondern bereitete mir fast noch mehr Arbeit, indem er immer die gleichen Fragen stellte und einfach nichts kapieren wollte.

Nach den negativen Erfahrungen aus unserer ersten Zusammenarbeit, wollten sich die Ägypter nicht mehr auf einen Fixpreis einlassen, um diesmal finanziell besser auszusteigen. Wir vereinbarten also ein wöchentliches Stundenkontingent mit einem fixen Stundensatz. Ich erstellte eine Aufgabenliste, die das Unternehmen abarbeiten sollte und versuchte dabei, in sich möglichst abgeschlossenen Aufgaben zu definieren, die wenig Abstimmungsaufwand nach sich ziehen würden. Napoleon versah die Tabelle sofort mit einer Spalte „max Time" und wollte für jede Aufgabe festlegen, wie lange die Abarbeitung maximal dauern dürfte. Sofort legte er damit los, völlig unrealistischen Zahlen einzutragen. Mein Versuch Napoleon zu erklären, dass Softwareentwicklung so nicht funktioniert und man zuerst eine seriöse Schätzung braucht, um darauf basierend eine Zeitvorgabe machen zu können, scheiterte erwartungsgemäß. Stattdessen kam sein bekanntes Konzept des Drucks einmal mehr zum Einsatz und die Zeitvorgaben blieben bestehen. Wahrscheinlich war Napoleon so in sich selbst gefangen, dass er gar nicht von seinen tief verankerten Verhaltensmustern abweichen konnte.

In den nächsten Wochen programmierte das ägyptische Unternehmen unter anderem die Paypal-Anbindung an unseren Shop, die bereits in der ersten Version geplant war, aber wegen Zeitmangel bisher noch nicht umgesetzt wurde. Mitten in der laufenden Zusammenarbeit teilte uns der ägyptische Entwickler, der an unseren Aufgaben arbeitete, plötzlich mit, dass er seinen Vertrag mit dem Unternehmen gekündigt hätte und ab sofort nicht mehr zur Verfügung stehen würde. Das wiederum veranlasste uns dazu, die Zusammenarbeit mit dem ägyptischen Unternehmen zu beenden. Man hätte uns zwar einen anderen Entwickler zur Verfügung gestellt, dessen Einarbeitung jedoch wieder wertvolle Zeit in Anspruch genommen hätte. Zwischenzeitlich hielt Napoleon ohne mein Wissen bereits Ausschau nach einer noch billigeren Lösung. Denn in Sachen vermeintlicher Kostenreduzierung konnte ihm wirklich niemand das Wasser reichen.

Über eine Internet Jobbörse fand Napoleon einen indischen Software-Entwickler, der für einen Bruchteil dessen als Freelancer arbeitete, was wir dem ägyptischen Unternehmen bezahlt hatten. Der einzige Haken an der Sache war, dass der Programmierer in seiner Heimat bereits einen Vollzeitjob hatte und sich noch etwas dazu verdienen wollte. So konnte er immer erst nach Ende seines indischen Arbeitstages für uns programmieren und arbeitete dann bis nach Mitternacht an unserem Code. Wenig überraschend, dass die Ergebnisse alles andere als fehlerfrei waren und sich doch einige Bugs in die Arbeit eingeschlichen hatten. Der indische Freelancer war ein wirklich guter Ruby on Rails Entwickler, die Konzentration und Leistungsfähigkeit beginnt am Ende eines langen Arbeitstages aber auch bei den Besten nachzulassen. Ich hatte also doch einiges an Arbeit, seine Bugs zu beheben, insgesamt war der Freelancer jedoch eine große Hilfe und jede Unterstützung war mir mehr als willkommen. Napoleon war ganz begeistert von dieser Möglichkeit an billige Arbeitskräfte zu kommen und meinte sofort, sobald wir eine Finanzierung haben, können wir zehn von ihnen unter Vertrag nehmen.

Natürlich gab es Meinungsverschiedenheiten zwischen Napoleon und mir, wie wir mit dem indischen Entwickler umgehen wollten. Als er wieder einmal einen seiner völlig irrwitzigen Vorschläge machte und ich ihm erklärte, dass es so einfach nicht ginge, kommunizierte Napoleon einfach direkt mit dem Freelancer und überging mich dabei komplett. Ein weiteres Beispiel für die Untergrabung meiner Autorität gegenüber Dritten. Das Chaos war damit natürlich perfekt. Der indische Freelancer war verwirrt und irritiert darüber, dass er nun von zwei Personen unterschiedliche Aufgaben erhielt und fragte mich mehrmals, was denn bei uns los sei. So konnte eine effiziente Zusammenarbeit einfach nicht funktionieren. Napoleon ließ nicht einmal in Bereichen, in denen er keinerlei Fachkenntnis besaß, andere Meinungen zu. Sogar in der Softwareentwicklung wusste er alles besser. In meiner täglichen Kommunikation mit dem Freelancer bekam ich irgendwann mit, dass er das Ziel hatte, nach Europa zu kommen und eine feste Stelle in unserem Unternehmen anzustreben. Auch über unser Geschäftsmodell wollte er vieles wissen und machte sich Gedanken dazu - auch wenn er noch nicht 100% überzeugt davon war, dass unser Konzept aufgehen würde. Für mich wäre seine Unterstützung vor Ort in Berlin eine große Hilfe gewesen. Also berichtete ich Napoleon von den Plänen des indischen Programmierers und überzeugte ihn, diesen darauf anzusprechen. Er stellte ihm auch tatsächlich eine Festanstellung in Berlin in Aussicht, sobald wir die Finanzierung erhalten würden.

Ein paar Wochen später teilte mir der indische Entwickler mit, dass seine Frau schwanger sei und er ein fixes Einkommen benötige. Die Unsicherheit mit Frau und Kind den Schritt in eine ungewisse Zukunft in einem chaotischen Startup in Deutschland zu wagen, war ihm wohl doch zu groß und er lehnte Napoleons Angebot ab. Der Erfolg unseres Unternehmens war ja noch längst nicht gesichert und auch Napoleons Zahlungsmoral war nicht die Beste. So stand das Angebot wohl in keinem Verhältnis zum Risiko, das die junge Familie auf sich genommen hätte. Wenig später endete die Zusammenarbeit dann abrupt. Da der Entwickler keine Zeit mehr hatte für uns zu arbeiten, stellte er den Kontakt zu seinem indischen Arbeitgeber her. Dieser sollte uns zukünftig noch einige billige Freelancer zur Verfügung stellen. Der Programmierer selbst berichtete mir später, eine Stelle in Singapur angenommen zu haben.

Price Prediction und das Verschwinden von Data Scientist Nr. 2
Nachdem ich durch die Unterstützung des indischen Freelancers etwas Luft gewonnen hatte, wollte ich das Thema Price Prediction weiter voranbringen und startete meinen nächsten Versuch. Aufgrund des plötzlichen Verschwindens von DS1 Ende Juni und der geringen Unterstützung durch DS2 musste ich mich quasi alleine mit der Preisberechnung herumschlagen. Ich investierte einige Tage und programmierte eine einfache Anwendung mit dem Ziel, Zugriff auf die von DS1 gecrawlten Daten über eine Benutzeroberfläche zu erhalten. Obwohl die Anwendung wirklich rudimentär war, erfüllte sie ihren Zweck und man musste sich die Informationen nicht mehr direkt aus der Datenbank holen. Schon von Beginn an wollte Napoleon die Daten in einer solchen Oberfläche abrufen und auch mir war dieser nächste Schritt wichtig. Bisher hatten schlicht die Ressourcen für die Umsetzung gefehlt. Jedes einzelne Mal musste ich Napoleon die Informationen aus der Datenbank nach Excel exportieren, was mich viel Zeit kostete und überhaupt nicht nachhaltig war.

Der eigentliche Plan war, das Projekt sukzessive an DS2 zu übergeben und ihn bei der Einarbeitung zu unterstützen. Leider konnte ich mich auf diesen überhaupt nicht verlassen. Nachdem er vier Wochen im Japan Urlaub gewesen war, erschien er auch danach nur sporadisch im Coworking Space. Bei ihm war Napoleon scheinbar viel großzügiger mit der Genehmigung von Urlaub als noch bei seinem Kollegen DS1, dem er sogar den dreiwöchigen USA Besuch bei seiner Freundin vermiest hatte. DS2 hingegen konnte ohne große Aufregung einen ganzen Monat Urlaub am Stück nehmen. Als er endlich wieder zurück an seinem Arbeitsplatz war, versuchte ich den ganzen Price Prediction Kram an ihn zu übergeben. Leider ohne großen Erfolg, denn DS2 war nie um einen

Ausrede verlegen, sich vor der eigentlichen Arbeit zu drücken. Er wurde auch nicht müde zu behaupten, alles was DS1 bisher erarbeitet hatte wäre Schrott und ohnehin nicht zu gebrauchen. Eine ziemlich mutige Aussage für jemanden, der bisher selbst nichts für dieses Startup geleistet und sein Können noch nicht unter Beweis gestellt hatte. In Napoleon hatte DS2 sogleich einen Verbündeten und beide schaukelten sich gegenseitig daran hoch, wie schlecht denn die Arbeit von DS1 nur gewesen sei. Ich hingegen war der Meinung, dass DS1 einen ordentlichen Job gemacht hatte und tat ihnen somit nicht den Gefallen, in ihre Lästerarien einzustimmen. Die neunmalkluge Aussage von DS2, dass alles automatisiert werden müsse, war so offensichtlich wie wahr. Nachdem dieser aber nicht in der Lage war, uns diesem Ziel auch nur ein Stückchen näher zu bringen, empfand ich seine Forderung als völlig fehl am Platz. Ich für meinen Teil hatte schlichtweg keine Zeit, mich um die Automatisierung der Preisberechnung zu kümmern, da ich mit der Arbeit am Shop voll eingespannt war.

Unser Ziel war es, die Aufnahme eines neuen Produktes in den Online-Shop völlig zu automatisieren. Nachdem das Produkt einmal im Shop angelegt war, sollten alle weiteren Schritte, wie die Sammlung der technischen Produktdaten, das Preis Crawling sowie die Berechnung der Mietpreise für den Shop vollautomatisch durch die Software erledigt werden. Um das Crawling der Preise von verschiedenen Webseiten wirklich automatisieren zu können, hätten wir zunächst das Problem mit der eindeutigen Produktidentifizierung lösen müssen. Alle Web Shops bzw. Preisvergleichsseiten, die wir crawlten, verwendeten eigene Produktbezeichnungen und weltweit eindeutige Standards für die Produktidentifizierung existieren nicht. Wir mussten also eine Möglichkeit finden, die Merkmale jedes gecrawlten Produktes in unserer Datenbank sauber abzuspeichern, um auf dieser Basis neu hinzu gekommene Artikel abgleichen und einordnen zu können. Wie für fast alle Probleme hätte es auch für dieses eine Lösung gegeben. Dafür hätte man aber einiges an Gehirnschmalz und Zeit aufwenden müssen. Napoleon und DS2 wollten die Schwierigkeit der eindeutigen Produktidentifizierung und deren Bedeutung für die Preisberechnung nicht begreifen. Nachdem die von DS1 und mir geleistete Arbeit in diesem Bereich als Nonsens abgetan wurde, zog ich mich wieder aus dem Thema Price Prediction zurück.

Zwei bis drei Wochen später war auch DS2 plötzlich nicht mehr da. Er kam nicht mehr zur Arbeit und ich hatte keinerlei Information, was der Grund dafür war. DS2 hatte Napoleon doch immer nach dem Mund geredet und war sein erklärter Liebling. Als ich Napoleon einmal danach fragte, was mit DS2 passiert sei, wich er mir aus und meinte nur, er müsse sich wieder voll auf die Uni konzentrieren. Eine wirkliche Aufklärung über die Gründe des Verschwindens der beiden Data Scientists, gab es auch zu keinem späteren Zeitpunkt. Vielleicht war es doch keine so gute Idee Studenten einzustellen, die mitten in ihrer Masterarbeit steckten.

Pinky der Checker
Ungefähr zwei Monate nach unserem Online Start saß ich - nichts Böses ahnend - an meinem Schreibtisch. Wie aus dem nichts kam Pinkies Vorschlag, dass wir doch vor dem Abschluss einer Bestellung noch eine Checkbox zur Bestätigung der AGB hinzufügen sollten. Bei jeder anderen Person hätte ich an einen Scherz geglaubt, Pinky hingegen glaubte allen Ernstes, wir hätten ein so wichtiges Detail wie die AGB nicht berücksichtigt. Diese waren natürlich von Beginn an im Checkout-Prozess integriert, denn im Online-Geschäft können die zahlreichen gesetzlich vorgeschriebenen Belehrungs- und Informationspflichten praktisch nur durch die AGB abgedeckt werden. Diesen muss der Kunde zwingend vor dem Abschluss der Bestellung zustimmen. Fast noch schlimmer als die Frage an sich war aber die Erkenntnis, dass Pinky anscheinend noch nicht ein einziges Mal den gesamten Prozess durchgeklickt hatte. Nun hatte ich die Bestätigung. Der Begriff testen war für ihn wirklich ein Fremdwort. Nicht weniger schockierend für mich war in diesem Moment Napoleons Reaktion. Statt Pinky zu fragen, ob er einen an der Waffel hätte, erklärte er ihm nur kurz, dass die AGB schon seit Beginn im Bestellprozess vorhanden seien. Langsam fragte ich mich wirklich, an welche Leute ich hier bloß geraten war und warum ich mir unter den vielen Gründern da draußen gerade diese zwei Einfaltspinsel ausgesucht hatte.

Ernsthafte Zweifel
Mit der Zeit wuchs die Liste meiner Aufgaben stetig an. Als ich Napoleon fragte, welche Tätigkeiten die höchste Priorität hätten, meinte er nur, er wolle nicht über Prios reden, alles müsse getan werden. Nachdem ich herausgefunden hatte, dass er diesen Satz todernst meinte und von ihm keine Hilfe bei der Priorisierung meiner Tasks zu erwarten war, wollte ich mir eine eigene Strategie zur Abarbeitung meiner Aufgaben zurechtlegen. Aber wie sollte ich dabei vorgehen? Ich wusste ja, dass seine Begeisterung

für eine Idee genauso lange anhielt, bis ihm die nächste in den Sinn kam. Zuerst versuchte ich also eine Prioritätenliste nach meinen eigenen Vorstellungen anzufertigen. Da Napoleon und ich aber nur sehr selten einer Meinung waren und komplett unterschiedliche Vorstellungen davon hatten, wie wir den Shop weiterentwickeln wollten, musste ich schnell auf eine andere Strategie ausweichen. Ich überlegte mir, bei welchen Dingen sich Napoleon am meisten aufregen würde, wenn sie nicht funktionierten. Diese Aufgaben erledigte ich dann sofort. Nach wirtschaftlichen Gesichtspunkten war diese Vorgehensweise zwar völlig unsinnig, da ich aber psychisch bereits stark angeschlagen war, wollte ich die Tage einfach nur überstehen ohne ständig angepflaumt zu werden, warum diese oder jene Funktionalität noch nicht fertig sei. Zu Beginn unserer Zusammenarbeit dachte ich noch, Napoleon hätte eine genaue Vorstellung davon, wie er das Startup aufbauen möchte. Nachdem wir im August aber noch weit davon entfernt waren, bestand seine einzige Idee um die Bestellungen anzukurbeln darin, den Online-Shop in Österreich und den Niederlanden auszurollen, obwohl die Marktdurchdringung in Deutschland und Großbritannien noch nicht einmal annähernd zufriedenstellend war und unser Potential noch lange nicht ausgeschöpft war. Mittlerweile hatte ich nicht nur starke Zweifel daran, ob er wusste was er tat, sondern auch daran, ob das Geschäftsmodell funktionieren würde. Ganz zu schweigen vom schleppenden Fortschritt beim Aufbau des Unternehmens und der langsamen Umsetzungsgeschwindigkeit der einzelnen Funktionen im Online-Shop. Würden wir so jemals die von Napoleon versprochene Finanzierung erhalten? Schließlich musste ich auch an meine finanzielle Zukunft denken und konnte nicht ewig ohne Einkommen weiterleben.

Um das Wachstum des Online-Shops zu messen, eignen sich Kennzahlen wie Anzahl der Kunden, Bestellungen pro Woche/Monat, Produkte pro Bestellung, Umsatz pro Bestellung bzw. Kunde, Churn-Rate/Abwanderungsquote[38] oder die Mietdauer in Monaten. Zur Ermittlung, ob sich ein Startup auf dem richtigen Weg - also auf einem Wachstumspfad - befindet, sollten immer mehrere Kennzahlen zur Analyse herangezogen werden. Warum man sich nie auf nur eine Messgröße verlassen darf, möchte ich im Folgenden aufzeigen. Napoleon berichtete immer ganz enthusiastisch von unserer wöchentlichen Wachstumsrate, die so unglaublich hoch sei. Aber konnte das wirklich der Wahrheit entsprechen, fragte ich mich. Bekam ich doch Tag für Tag mit, wie viele neue Bestellungen tatsächlich bei uns eingingen. Hier stimmte eindeutig etwas nicht. Die folgende Tabelle zeigt beispielhaft, wie Napoleon seine Berechnung durchführte. Wenn man sich die Zahlen so ansieht, wirken diese schon beeindruckend. Solche Wachstumsraten im mittleren bis hohen zweistelligen Bereich hätten wir gebraucht um das Startup wirklich voranzubringen. Napoleon jedoch hatte zur Berechnung der Wachstumsrate die kumulierten oder gesamten bisherigen Umsätze herangezogen und den neuen Umsätzen der jeweiligen Woche gegenübergestellt.

Woche	Umsatz	Kumulierter Umsatz	Differenz Vorwoche kumuliert	Wachstumsrate Vorwoche %
Woche 1	200	200	-	-
Woche 2	220	420	220	110,00
Woche 3	260	680	260	61,90
Woche 4	180	860	180	26,47

Abbildung 1: Napoleons Wachstumsberechnung (Keine echten Umsatzzahlen und Wachstumsraten)

Stellt man immer die wöchentlich neuen Umsätze denen der Vorwoche gegenüber, erhält man völlig unterschiedliche Wachstumsraten und in Woche 4 sogar einen Umsatzrückgang von über 30% im Vergleich zur Vorwoche.

Woche	Umsatz	Differenz Vorwoche	Wachstumsrate Vorwoche %
Woche 1	200	-	-
Woche 2	220	20	10,00
Woche 3	260	40	18,18
Woche 4	180	-80	-30,77

Abbildung 2: Meine Wachstumsberechnung (Keine echten Umsatzzahlen und Wachstumsraten)

Napoleons Berechnungen waren natürlich rechnerisch richtig, hatten aber einen völlig anderen Ansatz. Für ihn zählten offenbar nur die absoluten Umsatzzahlen und nachdem er immer nur von kumulierten

Umsatzsteigerungen gesprochen hatte, begann ich meine eigenen Kalkulationen aufzustellen. Als Datenbank-Verantwortlicher hatte ich ohnehin immer Zugang zu den Zahlen. Vor allem interessierte mich zu diesem Zeitpunkt, ob unser Geschäftsmodell bei einer breiten Masse Anklang finden würde. Pinky für seinen Teil war begeistert von unserer vermeintlich positiven Entwicklung. Bei mir hat Napoleons Wachstumsberechnung allerdings eher das Gegenteil hervorgerufen. Wenigstens die Churn-Rate bzw. Mietdauer stimmte mich halbwegs positiv. Die meisten Kunden blieben uns länger erhalten und gaben die ausgeliehenen Produkte nicht sofort nach einem Monat wieder zurück. Diese Zahl war natürlich noch nicht wirklich aussagekräftig, da wir erst zweieinhalb Monate am Markt waren. Ein kleiner Trend ließ sich aber zumindest erkennen. Die Kundengewinnung verlief weiterhin schleppend und die Bestellungen stagnierten auf sehr niedrigem Niveau. Und das schon nach den ersten Wochen am Markt. Dieser Trend bestätigte sich durch meine Berechnung der echten Wachstumsraten, die ich laufend durchgeführt hatte. Gerade am Anfang müssten die Wachstumsraten eigentlich besonders schnell in die Höhe schießen. Schon alleine durch die viele Publicity, die wir zum Start durch den Artikel auf dem Tech-Blog bekommen hatten. Da dies nicht passiert war, würde unsere Idee wohl doch nicht das Konsumverhalten revolutionieren, wie Napoleon vielfach angekündigt hatte. Bis heute bin ich nicht sicher, ob er mit seinen beindruckenden Wachstumszahlen nur das Team oder auch sich selbst einlullen wollte.

Wie werde ich der schlechteste CEO in einem Startup?

Nachdem ich mich durch die ersten Monate in unserem Startup gequält hatte, wurde mir Napoleons Verhalten immer suspekter. In seinem Mega-Ego entdeckte ich auffällige Parallelen zum Gründer des Online-Hilfe Netzwerks, den ich zu Beginn dieses Buches kurz erwähnte. Da beide bereits bei Rocket Internet gearbeitet hatten und ihre Tätigkeiten dort sehr ähnlich beschrieben, mussten sie eine vergleichbare Position gehabt haben. Ich wurde neugierig und stieß im Internet auf eine passende Stellenbeschreibung[39]. Die Jobbezeichnung lautete „Global Venture Development Manager" und hörte sich auf den ersten Blick immens wichtig an. Nach genauerem Studium der Anzeige wurde mir langsam bewusst, wo Napoleons übertriebenes Selbstbewusstsein seinen Ursprung haben konnte (siehe Anhang „Global Venture Development Manager").

Aus Spaß begann ich, alle Auffälligkeiten aufzuschreiben, die ich an Napoleon feststellte, da mir bewusst wurde, einem Individuum begegnet zu sein, das seinesgleichen suchte. Der Umgang mit seinen Mitarbeitern – mich eingeschlossen – war so mies, dass er nur mit wenigen Menschen da draußen vergleichbar war. Mir zumindest war in meinem bisherigen Berufsleben – und ich hatte bereits das Glück mit unterschiedlichsten Vorgesetzten zu arbeiten – noch nie ein schlechterer Chef begegnet. Ich war gelinde gesagt verwundert, dass so einen Führungsstil 2015 in Deutschland überhaupt noch existierte. Napoleon hatte die Latte für den miesesten CEO in einem Startup bereits jetzt so hoch gelegt, dass es wohl unmöglich für jeden anderen sein würde, diese zu überspringen. Im Wesentlichen basierte sein Führungsstil - sofern man diesen überhaupt so nennen konnte - auf zwei einfachen Prinzipien. Maximaler Druck und permanentes Arbeiten. Als ich begann, all die völlig irrationalen Verhaltensweisen Napoleons niederzuschreiben und eine nicht ganz ernst gemeinte Best Practice-Anleitung für einen guten CEO in einem Startup zu erstellen, kam mir erstmals die Idee, ein Buch über meine speziellen Erlebnisse in dieser Zeit zu schreiben. Hier sind einige Regeln, die du befolgen solltest, um mit Napoleon konkurrieren zu können:

- ■ Die wichtigste Regel von allen: Permanent Druck auf die Mitarbeiter ausüben!

- Einziger Indikator für gute Performance ist die Anzahl der „abgesessenen" Arbeitsstunden.
- Quantität vor Qualität: Fokussiere dich auf alles gleichzeitig und sprich nicht über Prioritäten, denn alles muss getan werden!
- Lieber 10 Dinge starten als 3 Dinge endlich fertig machen.
- Stelle nur Mitarbeiter ein, die rund um die Uhr für dich schuften und dabei nicht aufmucken.
- Gehe als Chef mit gutem Beispiel voran: Arbeite rund um die Uhr und schlafe kaum.
- Mache bei jeder sich bietenden Gelegenheit klar, wer hier der Chef ist.
- Halte immer die Fäden in der Hand, fälle jede Entscheidung selbst und ignoriere die Meinung deiner Mitarbeiter konsequent.
- Gestehe niemals einen Fehler offen ein, sondern bestehe stur auf der Richtigkeit deines Handelns.
- Spaß in der Arbeit muss im Kein erstickt werden.
- Transparenz in einem Startup wird überbewertet: Deine Mitarbeiter müssen nicht alles wissen. Lass sie bei wichtigen Angelegenheiten am besten im Dunkeln tappen.
- Du hingegen musst alles wissen: Deine Untergebenen müssen zu jedem Zeitpunkt spüren, dass du jeden ihrer Schritte überwachst.
- Erkundige dich stündlich nach der Fertigstellung einer Aufgabe, das beschleunigt deren Erledigung enorm.
- Beteilige dich niemals am operativen Tagesgeschäft: Auch, wenn es stressig wird, konzentriere dich ausschließlich darauf, deine Mitarbeiter zu pushen.
- Falls du dir doch einmal die Hände mit echter Arbeit schmutzig machen musst, zeig deinen Mitarbeitern durch schlechte Laune, was du davon hältst.
- Verursache Chaos: So bleiben deine Untergebenen wach und können keine Sekunde lang konzentriert arbeiten.
- Lass dein Team völlig unreflektiert Dinge erarbeiten: Wenn alles fertig ist, kannst du dir immer noch Gedanken über die Sinnhaftigkeit der Aufgabe machen und alles wieder über den Haufen werfen.

Wir starten durch – oder doch nicht?

Ende August bewegte sich meine Stimmung auf einen neuen Tiefpunkt zu. Meine Gedanken an einen Ausstieg wurden immer konkreter und wenn sich nicht bald etwas verändern würde, betrachtete ich meine Tage in diesem Startup als gezählt. Bevor ich zu einer endgültigen Entscheidung kam, bat ich Napoleon um ein Vieraugengespräch. Bezüglich meiner Ausstiegspläne hielt ich mich aber selbstverständlich bedeckt. Nachdem ich nun bereits monatelang ohne Arbeitsvertrag und Bezahlung arbeitete, wollte ich endlich eine konkrete Information über den Stand der Finanzierungsgespräche. Schließlich würde ich Gehalt und Arbeitsvertrag erst erhalten, sobald die Finanzierung unter Dach und Fach war. Außerdem brauchte ich „Urlaub" für eine Reise nach Österreich, um den runden Geburtstag eines Freundes zu feiern. Bei diesem Gespräch versicherte mir Napoleon, dass unsere lang ersehnte Finanzierung kurz vor dem Abschluss stünde und ich bald meinen Arbeitsvertrag bekommen würde. Auch mit meinem Urlaub sollte es klappen. Nicht zu 100% überzeugt von seinen Beteuerungen über die bevorstehende Finanzierungsrunde entschloss ich mich trotzdem, noch ein paar Wochen durchzuhalten.

Dienstag, 01.09.2015

Eine von Napoleons Marketing-Investitionen war es, eine PR-Agentur damit zu beauftragen, Artikel über unser Startup in verschiedenen Blogs und Online-Magazinen zu veröffentlichen. Dabei wurde auch ein Beitrag in einem reichweitenstarken deutschen Tech-Blog platziert. Der Artikel schlug ein wie eine Bombe. Nach dem dieser am Morgen erschienen war schnellte die Zahl der Bestellungen in die Höhe, sodass wir am Ende des Tages doppelt so viele neue Bestellungen erhalten hatten, wie in den gesamten zweieinhalb Monaten zuvor. Ich weiß nicht, ob der Artikel tatsächlich so gut war oder einfach nur die richtigen Menschen den Beitrag gelesen hatten. Eines jedenfalls war sicher: Die Leute bestellten wie verrückt und rannten uns fast die Bude ein. Ich konnte erst gar nicht fassen, was gerade passierte. Unser Geschäftsmodell schien doch zu funktionieren und all der Stress sollte nicht umsonst gewesen sein. Dies war der Moment, in dem ich zum ersten Mal nicht nur hoffte, sondern wirklich an den Erfolg des Startups glaubte. Die Freude im Team war natürlich riesengroß. Nur als P2 Wind von der Bestellflut bekam, wurde er ganz blass um die Nase. War er es doch, der diese ganzen Pakete eintüten und versenden musste.

Plötzlich hatten wir ein Problem mit einer großen Anzahl von Bestellungen, auf das die meisten anderen Startups in dieser Phase sicher neidisch gewesen wären. Auf diesen gewaltigen Ansturm waren wir nämlich überhaupt nicht vorbereitet. Anstatt eine aktive Strategie für diesen Best-Case parat zu haben, konnten wir nur auf die daraus resultierenden Schwierigkeiten reagieren. Uns fehlte das Geld für den Einkauf der neu bestellten Produkte. Dadurch mussten wir die Kunden hinhalten und uns mit den daraus resultierenden Beschwerden auseinander setzen. Außerdem galt es, die Anzahl zukünftiger Bestellungen bis zum Erhalt der Finanzierung einzudämmen. Unser Geschäftsmodell sah vor, für den Kauf der bestellten Produkte in Vorleistung zu gehen und diese dann zu vermieten. Die Produkte sollten dabei erst angeschafft werden, sobald die verbindliche Bestellung eingegangen war. Die Kosten für ein neues iPhone oder vergleichbare Produkte belaufen sich dann schon einmal auf € 700,- und mehr. Aus dem Cashflow konnten wir die Produkte also schon einmal nicht kaufen und es musste dringend Kapital zur Anschaffung der bestellten Waren her. Ob und wieviel Geld Napoleon in das Startup gesteckt hatte, weiß ich leider nicht, da er in Sachen Finanzen immer sehr verschwiegen war. Was wir zur Verfügung hatten, war die Investition von unserem Seed-Investor (ca. € 20.000 bis € 25.000), abzüglich der Ausgaben für die mäßig sinnvollen Videos und alle sonstigen Marketing Ausgaben wie Facebook-Werbung und bezahlte Blog-Posts sowie einige Tausend Euro für die Bezahlung der Freelancer. Für echte Personalkosten hatten wir meines Wissens nach zu diesem Zeitpunkt noch keinen Cent ausgegeben. Wir waren also in der misslichen Lage, so lange keine weiteren Bestellungen abwickeln zu können, bis wir Geld aus einer zukünftigen Finanzierung auf dem Konto haben würden. Die einzige Ausnahme stellten bereits zurückgesendete Artikel dar, die bei uns auf Lager liegen würden. Wenn sich diese noch in einem 1A-Zustand befanden, wurden sie in der Kategorie „as good as new" erneut im Shop angeboten. Aufgrund der geringen Bestellzahlen der ersten Monate gab es natürlich noch fast keine Rücksendungen und unser Lager war so gut wie leer. Die Situation stellte sich also folgendermaßen dar: Wir hatten etliche Bestellungen erhalten und weder Kapital für die Anschaffung der Produkte, noch entsprechende Produkte auf Lager. Im Klartext hieß das, wir waren nicht lieferfähig und mussten uns rasch etwas einfallen lassen, wie wir die wartenden Kunden eine Weile bei Laune halten konnten.

Denn bei einer Internetbestellung erwartet der Besteller, die Lieferung innerhalb von ein paar Tagen zu erhalten. Doch alleine die Entscheidung über die nächsten Schritte, um das Problem in den Griff zu bekommen, dauerte bei uns bereits länger.

Unsere erste Maßnahme war das Aufsetzen einer Reihe von E-Mails, die automatisch alle paar Tage an die wartenden Kunden geschickt wurden. Diese Nachrichten übermittelten Botschaften wie „Es geht voran", „Du bist bald an der Reihe" oder „Du erhältst dein Produkt als nächstes" und sollten den Eindruck erwecken, dass es vorwärts ginge und es sich nur noch um wenige Tage handeln könne, bis der Kunde sein Produkt in den Händen halten würde. Diese Hinhalte-Taktik funktionierte natürlich nicht bei allen Kunden und es gab trotzdem einige Beschwerden und Stornierungen, was natürlich alles andere als optimal für unsere Reputation war und sicher nicht zur Vertrauensbildung bei unseren Kunden beitrug. Nun mussten wir noch dafür sorgen, die Anzahl weiterer Bestellungen zu reduzieren. Unter Hochdruck programmierte ich zu diesem Zweck eine Warteliste, in die sich Menschen eintragen konnten, die etwas bestellen wollten. Statt des „In den Warenkorb"-Buttons wurde nun für fast alle Produkte ein Button mit dem Text „Zur Warteliste hinzufügen" angezeigt. Die oberste Devise war wieder Zeit zu gewinnen. Alle paar Tage sollte auch hier eine E-Mail den Interessenten das Gefühl geben, die Warteliste werde kürzer und sie seien bald an der Reihe. In Wirklichkeit war es noch über einen längeren Zeitraum nicht möglich, neue Bestellungen aufzugeben.

Samstag, 05.09.2015
Eines der Highlights der Berliner Startup-Szene ist die Lange Nacht der Startups, bei der die Tickets unter den Startups heiß begehrt sind. Ein Event, bei dem sich die Startup-Szene der breiten Masse vorstellt und ausgewählte Unternehmen ihre Produkte und Dienstleistungen präsentieren und wertvolle Kontakte knüpfen können. Neben weiteren interessierten Personen sind dort auch Investoren und Business Angels vertreten. Nach erfolgreicher Bewerbung durften auch wir uns auf der Veranstaltung präsentieren. Die Vorbereitungen mussten - wie könnte es auch anders sein - auf den letzten Drücker passieren und endeten im Chaos. Nicht in die Marketingaktivitäten involviert, bekam ich trotzdem einiges vom Ablauf der Vorbereitungen mit. Als besondere Aktion wollten wir Gutschein-Codes für unseren E-Commerce Shop in Kreditkartenformat drucken lassen und an die Besucher der

Veranstaltung austeilen. Jetzt mögen sich viele fragen, warum gerade Kreditkarten? Dahinter stand unsere Intention, dass wir die Produkte an Stelle des Kunden kaufen und er diese dann über uns leihen könnte. Also eine Art Kreditgeschäft. Ob diese Botschaft jedoch wirklich bei den Teilnehmern ankam, wage ich zu bezweifeln. Aufgrund der niedrigen Herstellungskosten wurde die Bestellung der unechten Kreditkarten in China aufgegeben und der Versand dauerte entsprechend länger. Am Ende wurde es zeitlich so knapp, dass unser Marketing-Experte gemeinsam mit P2 zum Leipziger Flughafen fahren musste, um die Gutscheine direkt am DHL-Standort mit dem Auto abzuholen. Kalkuliert man den Zeitaufwand zweier Mitarbeiter sowie die Fahrtkosten dieser Aktion mit ein, hätte man diese Bestellung fünf Mal bei einem lokalen Anbieter in Auftrag geben können und es wäre immer noch günstiger gewesen.

Die Gutscheine samt meinen beiden Kollegen trafen noch rechtzeitig zur Veranstaltung in Berlin ein und als wir dann alle gemeinsam an unserem Stand das Geschäftsmodell vorstellten und die Gutscheine verteilten, kam in mir das erste Mal eine Art Team-Gefühl hoch. Es machte wirklich Spaß, sich als Team der Öffentlichkeit zu präsentieren. Die Sinnhaftigkeit der Kreditkarten-Aktion kann man hingegen getrost in Frage stellen. Die Besucher wollten sich ja über die Startups informieren und waren keine klassischen Goodie-Jäger wie sie auf normalen Messen zu finden sind. Aus Interesse ging ich eine Woche später unsere neuen Bestellungen durch, um zu prüfen, wie viele Gutschein-Codes tatsächlich benutzt worden waren. Wie schon befürchtet, hatte kein einziger Besucher einen Gutschein eingelöst und der ganze Aufwand war mehr oder weniger für die Katz gewesen.

Einige Tage nach der Veranstaltung rief Napoleon dann das gesamte Team zusammen, denn er hatte etwas Wichtiges zu verkünden. Als alle versammelt waren informierte er uns mit einem strahlenden Lächeln über die nun tatsächlich bevorstehende Finanzierung. Was für eine Überraschung! Obwohl Napoleon mir kurz davor bereits versichert hatte, dass die Finanzierung bald Wirklichkeit werden würde, konnte ich es erst gar nicht glauben. Aber nachdem das ganze Team Zeuge dieser Ankündigung geworden war, musste wohl etwas dran sein. Mir fiel ein riesiger Stein vom Herzen. Diese Neuigkeit in Verbindung mit dem aktuellen Anstieg unserer Bestellungen im Online-Shop ließ mich wieder neuen Mut schöpfen. Ich blickte mit Zuversicht den nächsten Wochen entgegen.

Mein vereinbarter Urlaub stand bevor. Die Tage vom 17.09.2015 bis zum 22.09.2015 wollte ich in Österreich verbringen. Von Urlaub im eigentlichen Sinne zu sprechen, ist natürlich nicht korrekt, da ich zu diesem Zeitpunkt noch keinen Arbeitsvertrag hatte. Nichtsdestotrotz sollten die ersten freien Tage am Stück seit über vier Monaten am nächsten Tag beginnen. Das war mein Plan als ich morgens im Büro ankam. Bereits eine Woche zuvor, am 09.09.2015, fand die jährlichen Apple Keynote statt, in der unter anderem das Release-Datum des neuen iPhone 6s angekündigt wurde. Selbst Napoleon hatte mitbekommen, dass das neue iPhone ab dem 25.09. im Handel erhältlich sein würde. In unserem E-Commerce Shop wollten wir das neue Premium Smartphone natürlich auch vermieten und hätten folglich mit der Planung der neuen Startseite und der Angebote bereits nach der Ankündigung des Releases beginnen sollen. Ich war jedoch bis zu diesem Zeitpunkt voll mit der Implementierung der Warteliste sowie der Integration der Hinhalte-E-Mails ausgelastet und daher auch gedanklich nicht in dieses Thema involviert. In den Bereichen Gestaltung der Startseite und Erweiterung des Produktkataloges hatte ich ohnehin nichts mitzubestimmen. Ausgerechnet am letzten Tag vor meinem geplanten Urlaub kam Napoleon mit der Anweisung auf mich zu, dass am selben Tag noch eine neue Startseite mit dem iPhone 6s released werden müsse. Dafür wurde allerdings bisher noch keinerlei Planung und Vorarbeit geleistet. Ich erklärte Napoleon also, dass wir für das Erstellen der neuen Startseite einige Zeit benötigen und ich mich gleich nach meinem Urlaub darum kümmern würde. Außerdem hatten wir ohnehin kein Geld übrig, um die neuen iPhones zu kaufen. Für ihn stellte aber eine Aufschiebung bis nach dem Urlaub keine Option dar. Die Seite musste sofort erstellt werden und Napoleon machte klar, dass er darüber keine Diskussion wünsche. Gemeinsam mit Pinky arbeitete ich also unter Hochdruck an der Fertigstellung der neuen Startseite. Da ich aber um 21 Uhr in Tegel meinen Flug nach Österreich erwischen musste, war das in dieser kurzen Zeit nicht mehr zu schaffen.

Als ich Napoleon darüber informierte, wusste ich bereits was nun passieren würde. Er verlangte allen Ernstes von mir, die Seite in meinem ersten Urlaub fertig zu stellen. Dabei war alles was ich wollte nur ein paar freie Tage, in denen ich etwas Abstand gewinnen konnte und nicht rund um die Uhr an das Unternehmen und die vielen noch zu erledigenden Aufgaben denken musste. Wenn ich jetzt die Arbeit mit in den Urlaub nehmen würde, könnte ich garantiert nicht abschalten. Nachdem er meine Gegenargumente gehört hatte, warf mir Napoleon doch tatsächlich vor, mich nicht genug für unser Startup einzusetzen und das, obwohl ich die letzten Monate Tag und Nacht alles für unseren Erfolg gegeben hatte. Nun hatte ich aber genug und machte meinem Ärger zum ersten Mal richtig Luft. Nachdem der Streit nicht in so kurzer Zeit beigelegt werden konnte, machte ich mich um 19.30 Uhr mit einer gehörigen Portion Wut im Bauch auf den Weg zum Flughafen, wo meine Freundin bereits am Gate auf mich wartete. Ich hatte wirklich gute Lust, diese blöde Startseite bis zum Ende meiner Reise nicht anzufassen. Noch auf dem Weg zum Flughafen - ich konnte es kaum glauben - bekam ich eine E-Mail von Napoleon, in der er sich bei mir entschuldigte und mir einen schönen Urlaub wünschte. Nachdem er mit seinem asozialen Verhalten zuvor abgeblitzt war, wollte er wahrscheinlich auf die nette Tour versuchen, mich doch noch herum zu kriegen. Ich dachte mir nur, Zuckerbrot und Peitsche. Doch es sollte ihm tatsächlich gelingen, denn am nächsten Tag setzte ich mich - gutmütig wie ich war - wirklich vor den Computer, stellte die neue Startseite fertig und brachte sie Online. Ob ich ohne Napoleons versöhnliche E-Mail dazu bereit gewesen wäre, steht wohl in den Sternen.

Neue Mitarbeiter und die lang ersehnte Finanzierung

Anfang Oktober war es dann soweit. Endlich wurden neue Mitarbeiter eingestellt. Obwohl die Finanzierung rechtlich noch nicht in trockenen Tüchern war und wir kein zusätzliches Geld zur Verfügung hatten, wollte Napoleon keine Zeit verlieren, um neue Mitarbeiter anzuwerben. So hatte er in den Wochen zuvor bereits einige Kandidaten zu Bewerbungsgesprächen eingeladen und einige von ihnen auch direkt eingestellt. Ich persönlich freute mich nach den letzten harten Arbeitswochen schon sehr darauf, endlich ein paar neue Gesichter zu sehen und hoffte gleichzeitig, dass auch die Stimmung im Team sich durch die dazukommenden Kollegen verbessern würde. Vielleicht wird aus uns doch noch ein richtiges Startup, dachte ich bei mir. Würde Napoleons permanente Kontrolle über alle Bereiche und Mitarbeiter abnehmen und ein selbstständiges Arbeiten möglich machen?

Napoleon stellte einen neuen Kollegen als Head of Business Development (BD) ein, außerdem Data Scientist Nr. 3 (DS3) sowie Praktikant Nr. 3 (P3). Eine zweite Marketing-Expertin ergänzte genauso unser Team wie ein neuer Mitarbeiter für den Finanz-Bereich, der allerdings nach kurzer Zeit wieder gekündigt wurde. Einige Wochen später stieß dann noch einen Head of Marketing dazu. Für unser nun mehr als doppelt so großes Team war im offenen Coworking Space nicht mehr genügend Platz vorhanden. Also zogen wir in den ersten Stock um, wo es abgetrennte Räumlichkeiten für größere Gruppen gab. Von nun an hatten wir unser eigenes Büro, das zugleich auch als kleines Lager für unsere Produkte diente. Voller Neugierde darauf, meine neuen Mitstreiter besser kennenzulernen, verabredete ich mich mit Data Scientist Nr. 3 und der zweiten Marketing-Expertin gleich an deren erstem Arbeitstag zum Mittagessen. Eine ihrer ersten Fragen war gleich, welche Arbeitszeiten in unserem Startup üblich seien. Da ich Ihnen nichts vormachen wollte, gab ich beiden zu verstehen, dass sie sich auf viele sehr lange Arbeitstage einstellen mussten - denn eine möglichst hohe Anzahl an Arbeitsstunden war für Napoleon die wichtigste Messgröße für Arbeitsleistung. Natürlich sagte ich das durch die Blume. Ich wollte ja nicht mit der Tür ins Haus fallen. DS3 begriff aber gleich und konnte gar nicht glauben, was er da hörte, hatte ihm Napoleon im Bewerbungsgespräch doch versichert, dass die Arbeitszeiten nicht so wichtig für ihn wären und sogar von unserer scheinbar lockeren Arbeitsatmosphäre geschwärmt. Aufgrund dieser Aussagen hatte DS3 sich gegen einen viel besser bezahlten Job und für unser vermeintlich tolles Team entschieden. Unser Gespräch öffnete ihm die Augen und bereitete DS3 - wenigstens ansatzweise - auf die unschöne Realität in unserem Startup vor. Einen Mitarbeiter – den Head of Business Development - hatte Napoleon schon nach kurzer Zeit so stark eingeschüchtert, dass er sich nicht einmal mehr traute eine Mittagspause zu machen und sein Essen immer vor dem Bildschirm einnahm. Mehr als einmal fragte ich ihn, ob wir einmal gemeinsam Mittagessen gehen wollten. Aus unseren vereinbarten Terminen wurde leider nie etwas, da der Kollege immer eine Ausrede parat hatte, warum er das Essen doch wieder ausfallen lassen musste. Da hatte Napoleon wirklich ganze Arbeit geleistet bei diesem gutmütigen Kerl. Im Oktober, als die beiden Praktikanten P2 und P3 kurz zeitgleich im Unternehmen waren, wäre doch fast so etwas wie gute Stimmung im Team aufgekommen. Napoleon wusste diese aber schon im Keim zu ersticken. Eines Vormittags in der ersten Oktober-Hälfte gingen die beiden neuen Praktikanten um halb elf in den Gemeinschaftsraum, um einen Kaffee zu trinken. Napoleon bemerkte deren Abwesenheit und wollte wissen, wo sie abgeblieben waren. Ihm war ja bereits negativ aufgefallen, dass die beiden viel zusammen machten. Als ihm jemand erklärte, dass sie nur einen Kaffee trinken waren, regte sich Napoleon sofort furchtbar darüber auf und meinte, dass man um diese Zeit sowieso keinen Kaffee zu trinken brauche. Und das, obwohl die beiden ohne jegliche Bezahlung arbeiteten.

Meine Aufbruchsstimmung hielt nur wenige Tage an, bis ich feststellen musste, dass sich in unserem Startup nichts zum Positiven verändert hatte und auch in Zukunft nicht würde. Alles war beim Alten geblieben oder hatte sich sogar noch verschlechtert. Wir würden wohl niemals ein normales Unternehmen werden. Der einzige Hoffnungsschimmer, mich doch noch Napoleons direkter Kontrolle zu entziehen, war ein möglichst schnelles Mitarbeiterwachstum. Denn ab einer gewissen Unternehmensgröße kann der Geschäftsführer nicht mehr alles und jeden überwachen. Aber bis dahin lag noch ein langer steiniger Weg vor uns.

Finanzierung
Dass die Finanzierung nun wirklich unterschriftsreif war, bekam ich in den Tagen vor dem Abschluss nur am Rande mit. Napoleon - der zu diesem Zeitpunkt am Schreibtisch gegenüber saß - telefonierte viel, um

alle Investoren zum Termin beim Notar zu versammeln und den Deal abzuschließen. Am Freitag den 9. Oktober war es schließlich soweit. Nachdem Napoleon den ganzen Tag mit unseren Investoren beim Notar verbracht hatte, kam er zurück ins Büro um den Abschluss der Finanzierung zu verkünden. Das gesamte Team versammelte sich in einem Kreis und Napoleon berichtete voller Stolz und mit einem selbstzufriedenen Lächeln im Gesicht von seinem Erfolg. In dieser Ausnahmesituation bedankte er sich sogar bei mir für mein Durchhaltevermögen und meinte im gleichen Atemzug, dass die letzten Monate doch ein großer Spaß gewesen wären. Für alle, die Napoleon nicht kennen, sei gesagt, dass dies sein voller Ernst war. Ich für meinen Teil konnte ob einer solchen Wahrnehmungsstörung nur mit dem Kopf schütteln. Wenn er diese harte und an die Substanz gehende Zeit als spaßig empfand, wollte ich lieber nicht wissen, wie sein bisheriges Leben ausgesehen hatte. Aber Napoleons leeres Geplapper war mir mittlerweile egal, Hauptsache ich würde nun endlich ein monatliches Gehalt bekommen.

Nie vergessen werde ich auch, wie Napoleon an diesem Abend sinngemäß zu mir sagte, dass wir ein Problem hätten, wenn Leute smarter wären als wir, wenn aber Leute härter arbeiteten als wir, dann wären wir schon richtig dumm. Er meinte, wir müssten härter arbeiten als alle anderen. Ich hatte dazu eine völlig andere Meinung und musste mir eine Antwort verkneifen. Wenn wir mit etwas mehr Fokus gearbeitet hätten, wäre uns so manche um die Ohren geschlagene Nacht im Büro erspart geblieben.

In der anschließend erschienenen Pressemitteilung stand, dass wir knapp eine Million Euro an Finanzierung erhalten hatten. Napoleon erwähnte nur einmal ganz beiläufig, dass er etwas enttäuscht war, keine ganze Million erhalten zu haben. Über die Anteile der Investoren ließ er uns aber alle im Unklaren. Aufgrund dieser Intransparenz besorgte ich mir im Dezember 2015 einen öffentlich zugänglichen Handelsregisterauszug, den jeder für ein paar Euro Verwaltungsgebühren einsehen kann. Darin sind alle Gesellschafter und ihre Anteile ersichtlich. Zu meiner Verwunderung stand auch unser Social-Media Experte als Anteilseigner im Handelsregister. Warum Napoleon ihm Unternehmensanteile überlassen hatte, konnte ich mir nicht erklären. Alle anderen festen Mitarbeiter sollten nur virtuelle Anteile erhalten und standen somit nicht als Gesellschafter im Handelsregister. Da ich die ungefähre Höhe der Finanzierung kannte und die Anteile von Napoleon bei ca. 74% lagen, konnte ich mir also ausrechnen, wie hoch die Unternehmensbewertung ungefähr war. Die Post-money-Evaluation[40], also der Wert des Unternehmens nach erhaltener Finanzierung, lag damit bei knapp unter 4 Millionen Euro. Napoleon hatte also bei einer respektablen Finanzierungsrunde fast 3/4 seiner Anteile behalten. Alle Achtung - da hatte er wieder einmal seine große Stärke ausgespielt und exzellent verhandelt. Was mich wirklich verwunderte war, dass uns keiner der Investoren jemals im Büro besucht hatte, um das Team kennenzulernen. Wenn man sein Geld in ein Unternehmen steckt, möchte man doch möglichst gut über dieses informiert sein. Aus meiner Sicht kamen dafür nur zwei Gründe in Frage: Entweder hatte Napoleon die Investoren mit seinen rhetorischen Fähigkeiten und positiven Prognosen so von unserem Startup überzeugt oder aber die investierten Beträge waren einfach zu gering für diese, um sich vor Ort ein Bild zu machen. Bei einem tatsächlichen Besuch wäre auf jeden Fall rasch deutlich geworden, in welches chaotische Unternehmen sie da eigentlich investiert hatten.

Samstag, 10.10.2015, USA-Reise
Nun ging es Schlag auf Schlag. Am nächsten Tag stand für Napoleon ein USA-Trip auf dem Plan, der von unserem Seed-Investor zu einem Austausch mit Investoren organisiert wurde. Da waren ein paar sehr hochkarätige Namen wie Andreessen Horowitz, Index Ventures und Sequoia Capital dabei. In seiner Abwesenheit hatte ich mich bereits auf ein paar Tage Auszeit von Napoleon gefreut. Wie sich schnell herausstellte, war meine Freude leider etwas verfrüht. Dieser Kontrollfreak wollte über jeden Schritt seiner Mitarbeiter informiert bleiben und ich musste ihn darüber auf dem Laufenden halten, wann meine Kollegen zur Arbeit kamen und wann sie wieder nach Hause gingen. In der Rolle als Napoleons Spion fühlte ich mich ziemlich unwohl und bemerkte schnell, dass es einfacher ist, wenn er vor Ort selbst alles im Blick hat. Nicht zu wissen, was in seiner Abwesenheit im Büro vor sich ging, war augenscheinlich das Schlimmste für Napoleon. Vor allem, weil unsere neuen Mitarbeiter erst kurz im Unternehmen waren und er mit dieser Situation etwas überfordert zu sein schien. Es kam mir so vor als hätte die Verantwortung und der Umgang mit den neuen Angestellten, Napoleon in den ersten eineinhalb Wochen ziemlich nervös gemacht. Diese Unsicherheit war mir neu. Bis dahin schien er einer der abgeklärtesten Typen zu sein, die ich jemals kennen gelernt hatte.

Um während seiner Abwesenheit die Kontrolle über das Arbeitspensum seines Teams zu behalten, gab uns Napoleon die Anweisung, eine Liste der geplanten Tasks für die kommende Woche zusammenzustellen. Jeder Mitarbeiter sollte darin seine Aufgaben anhand des Ampelsystems - grün für erledigt, gelb für in Bearbeitung und rot für nicht erledigt - markieren und am Ende der Woche bei Napoleon abgeben. Die ganze Woche war ich so damit beschäftigt gewesen, die neuen Mitarbeiter einzuschulen und deren Fragen zu beantworten, dass ich mit meinen geplanten To Do's nicht hinterherkam. Da ich der einzige im Team war, der einen umfassenden Überblick über die meisten Bereiche des Unternehmens hatte, musste ich mich wohl oder übel allen Fragen der neuen Teammitglieder stellen und das waren nicht zu wenige. Pinky brauchte man gar nicht erst anzusprechen, der hatte ohnehin von nichts Ahnung und SME, der Ende Juli eingestellt wurde, wusste nur umfassend über den Bereich Marketing Bescheid. Als dann am Freitag meine Liste noch zum Großteil gelb eingefärbt war, stellte mich Napoleon über den Slack-Messenger zur Rede. Was hatte er sich denn vorgestellt? Etwa, dass sich in seiner Abwesenheit die neuen Kollegen von selbst einschulten? Meine Versuche, ihm die Situation zu verdeutlichen, waren zwecklos. Napoleon erklärte mir, dass die Einschulung der Mitarbeiter doch nicht so viel Zeit in Anspruch nehmen konnte und fragte mich, ob ich die restliche Zeit ohne Fokus gearbeitet hätte. Da platzte mir wirklich fast der Kragen. Er - der sich noch nie auf die wichtigen Dinge konzentrieren konnte, warf mir vor, nicht fokussiert genug zu sein. Das war wirklich starker Tobak. Zum Glück konnte ich in Napoleons Gegenwart meine Emotionen fast immer zurückhalten. Selten, dass ich einmal richtig sauer wurde und ihm die Meinung sagte. Als ich Napoleon dann etwas besser kannte, begegnete ich seinen andauernden Beschuldigungen nur noch mit sarkastischen Erwiderungen. Gott sei Dank war Sarkasmus gar nicht Napoleons Ding und er reagierte nicht auf meine versteckte Gegenrede, sonst wäre die Situation an diesem Freitag mit Sicherheit eskaliert und hätte böse enden können. Es war später Abend, ich war ausgelaugt nach einer weiteren kräftezehrenden Woche und als Tüpfelchen auf dem i konnte ich mir noch vorwerfen lassen, ich hätte meine Arbeit nicht ordentlich gemacht.

Bereits während seiner USA-Reise hatte Napoleon mitbekommen, dass die neuen Mitarbeiter - um es höflich auszudrücken - nicht ganz zufrieden waren. Die Kacke war am Dampfen und es stieg doch leichte Panik in ihm auf, dass die Stimmung kippen könnte. Einer der Gründe für die schlechte Stimmung war, dass jeder für die Arbeit sein privates Notebook benutzen musste. Möglichst diplomatisch versuchte ich Napoleon darauf hinzuweisen, dass es höchst angebracht wäre, zumindest den Mitarbeitern ohne Unternehmensanteile einen Computer zur Verfügung zu stellen. Von normalen Angestellten kann man schließlich nicht erwarten, dass sie im Job ihre eigenen Geräte verwenden. Schon gar nicht bei fehlender oder geringer Bezahlung, da war ich voll auf der Seite der neuen Kollegen. Am Tag seiner Rückkehr aus Amerika - es war ein Montag oder Dienstag - rief Napoleon gleich alle zu einer Besprechungsrunde zusammen. Großzügig verkündete er, dass nun jeder im Team ein Arbeitsgerät erhalten werde. Ohne in Ruhe zu überlegen, welche Anforderungen die Notebooks erfüllen sollten, wurde in einer Hauruck-Aktion notiert, wie viele Geräte benötigt wurden und Napoleon, Pinky und der für Finanzen zuständige Kollege marschierten sofort los, um alles einzukaufen. Eine weitere übereilte Handlung, die noch ihre Konsequenzen haben sollte. In die Entscheidung darüber, welche Notebooks mit welcher Ausstattung vernünftig wären, wurde ich als IT-Experte erst gar nicht einbezogen. Meine Meinung kundzutun war ich zu diesem Zeitpunkt schon lange leid und so hielt ich mich aus dem Einkauf der IT-Hardware gänzlich raus. So viel können die drei da auch nicht falsch machen, dachte ich.

Aber weit gefehlt! Sie kamen doch tatsächlich mit 200 Euro Notebooks zurück. Ich wäre fast aus den Latschen gekippt, als ich hörte, was die Teile gekostet hatten. Napoleon war natürlich schwer begeistert und kam mit einem Lächeln ins Büro, als hätte er den Russlandfeldzug doch noch erfolgreich beendet. Schnäppchen dieser Art waren eben genau sein Ding. Aber ein Computer in dieser Preisklasse kann nur Schrott sein und ist für vernünftiges Arbeiten nicht zu gebrauchen. Es muss ja nicht gleich ein MacBook Pro für alle sein, aber ein anständiges Arbeitsgerät wäre wohl das Mindeste gewesen. Am Ende arbeiteten fast alle im Team wieder mit ihren privaten Laptops und die Anschaffung der Billig-Geräte war rausgeschmissenes Geld. Anstatt zu sparen, hatte Napoleon Notebooks für den Müll gekauft und sein Geiz stand wieder einmal im Widerspruch zur Nachhaltigkeit. Aber wenigstens hatten alle einen externen Monitor sowie Maus und Tastatur bekommen. Das war in Sachen Produktivität immerhin ein kleiner Fortschritt.

Die zweite große Ankündigung nach der Notebook-Aktion war, dass es von nun an gratis Obst und Mineralwasser für alle geben sollte. In der Startup-Szene ist es ja üblich, als Arbeitgeber seinen Mitarbeitern Goodies und Vergünstigungen zur Verfügung zu stellen. Damit hoffte

Napoleon nun endlich das unzufriedene Team ruhig stellen zu können. Gleich wurde im kleineren Kreis diskutiert, wie hoch das wöchentliche Budget dafür sein sollte. Napoleons Vorstellung war wieder einmal fern jeder Realität. Wahrscheinlich hatte er schon lange kein Obst mehr gekauft und glaubte ein Kilo Bananen wäre für 20 Cent zu haben. Im Büro ernährte sich Napoleon ja hauptsächlich von Fleisch und Süßigkeiten. Er schlug vor, für ein 8-10-köpfiges Team maximal einen Betrag von 10 bis 15 Euro pro Woche für Obst und Mineralwasser auszugeben. Dieses Budget wäre für so viele Personen natürlich bereits in 1-2 Tagen aufgebraucht. Schlussendlich verlief die ganze Aktion aber im Sande und wir hörten nie wieder etwas von Obst, Wasser oder irgendwelchen anderen Vergünstigungen. Für Napoleon war die Zufriedenheit seiner Mitarbeiter nicht einmal die paar Euro in der Woche wert und das Thema wurde künftig konsequent totgeschwiegen. Er selbst hingegen nutzte jede Gelegenheit, um irgendwo gratis etwas Ess- oder Trinkbares abzustauben. Sobald jemand aus dem Team etwas Süßes mitbrachte, griff Napoleon gleich mehrmals ungeniert zu. Nicht einmal mein selbst gekaufter Mineralwasser Vorrat war vor ihm sicher. Immer wieder nahm er sich eine Flasche davon und gab mir niemals auch nur eine einzige zurück. Das ging so lange bis ich irgendwann selbst aufhörte Mineralwasser zu kaufen und nur noch Leitungswasser trank.

Die USA-Reise verkaufte Napoleon dem Team - wie sollte es auch anders sein - als großen Erfolg. Schwierig zu beurteilen, ob tatsächlich alles so positiv gelaufen war, wie er uns weismachen wollte. Laut seiner Aussage, waren die Investoren im Silicon Vally begeistert von unserer Idee. Fixe Zusagen gab es allerdings noch keine. Wir sollten zuerst unsere Hausaufgaben machen und beweisen, dass das Geschäftsmodell rentabel sei. Napoleon schwang einmal mehr eine seiner typischen Reden und forderte uns auf, noch härter zu arbeiten, da es jetzt darauf ankäme und wir liefern müssten. Das erklärte Ziel war es, in den nächsten Monaten eine Series A-Runde[41] abzuschließen. Diese Art von Finanzierung dient dem Wachstum und wird einem Unternehmen zur Verfügung gestellt, nachdem das Funktionieren des Geschäftsmodells, auch Proof of Concept genannt, bewiesen wurde. Erst später erfuhr ich, dass Napoleon eine 8-stellige Series A-Runde angestrebt hatte. Scheinbar waren wir auf einem guten Weg und der kritische Punkt für die Investoren bestand in der Zahlungsmoral bzw.-fähigkeit unserer Kunden. Wenn wir das Forderungs- und Logistikmanagement in den Griff bekommen würden, stünde einer großen Finanzierungsrunde nichts mehr im Wege. Wir mussten also die Zahlungsfähigkeit unserer Kunden sicherstellen und die Logistik skalierbar machen, um eine große Anzahl an Bestellungen abwickeln zu können. Noch einmal schwor Napoleon uns auf die harte Arbeit in den nächsten Monaten ein und glaubte wahrscheinlich, dass die neuen Arbeitsgeräte und das zu diesem Zeitpunkt noch angekündigte gratis Obst und Mineralwasser uns zu noch mehr Arbeit antreiben würden. Aus seiner Sicht hatte er genug für das Team getan und erwartete nun, dass wir unsererseits lieferten. Ich konnte mir allerdings nicht vorstellen, dass seine Worte große Wirkung bei den Kollegen zeigten.

Mein Arbeitsvertrag
Mitte Oktober erhielt ich endlich meinen lang ersehnten Arbeitsvertrag. An diesem war auf den ersten Blick gleich eine Sache zu bemängeln, nämlich die sechsmonatige Probezeit. In Anbetracht dessen, dass ich bereits seit Mai ohne Bezahlung für das Startup gearbeitet hatte, war die Probezeit eine bodenlose Unverschämtheit. Napoleon hatte mir einfach einen Standard-Arbeitsvertrag mit sechs Monaten Probezeit und 23 Tagen Urlaub vorgelegt. Bereits im Vorfeld hatte er mir mitgeteilt, dass ich nur € 40.000 Jahresgehalt bekommen würde, da ich auch - wie vereinbart - Unternehmensanteile erhalten sollte. Laut seiner Aussage sollten alle Mitarbeiter mit Anteilen die gleiche monatliche Vergütung erhalten. Ob dies jedoch wirklich der Realität entsprach, war unmöglich nachzuprüfen, da niemand im Team über seinen Arbeitsvertrag sprach. So oder so waren die € 40.000 jährlich nur ein Tropfen auf den heißen Stein. Sogar ein Berufseinsteiger in der Softwareentwicklung hätte 2015 in Deutschland ein höheres Einstiegsgehalt bekommen können. Ganz zu schweigen davon, dass ich als Freelancer bereits deutlich mehr verdient hatte.

Außerdem vermisste ich jegliche Zusicherung meiner Unternehmensanteile in Napoleons Entwurf. Als ich Pinky danach fragte, hatte dieser seinen Vertrag noch nicht einmal gelesen und meinte nur etwas wie „no worries, everything will be fine". Diese Aussage war mir nun wirklich keine Hilfe und ich beschloss, meinen Anwalt anzurufen. Nachdem wir den Vertrag gemeinsam durchgesprochen hatten, riet mir dieser, erst zu unterzeichnen, wenn der Anspruch auf Anteile mit in den Vertrag aufgenommen worden sei. Leider war ich in dieser Phase bereits in der schwächeren Position, die Finanzierung war abgeschlossen und Napoleon würde bald nicht mehr nur auf mich angewiesen sein. Ich hätte schon viel früher - als ich noch in einer besseren

Verhandlungsposition war - auf eine schriftliche Vereinbarung bezüglich der Anteile bestehen müssen. Mit den verfügbaren finanziellen Mitteln aus der Finanzierung könnte Napoleon mich nun im schlimmsten Fall sofort durch einen anderen Softwareentwickler ersetzen. Im darauffolgenden E-Mail-Verkehr mit Napoleon meinte dieser, dass es aus steuerlichen Gründen noch kein Options-Partizipationsprogramm gebe, dieses aber im nächsten Jahr aufgesetzt würde. Als ich darauf beharrte, willigte er doch noch ein, wenigstens eine Passage zum Options-Partizipationsprogramm in den Arbeitsvertrag aufzunehmen. Wie ich später recherchierte, ist die Thematik der Virtual Shares tatsächlich relativ komplex. Nachdem ich kurz darauf den geänderten Vertrag in den Händen hielt, war ich erst einmal beruhigt und schob die negativen Gedanken - dass Napoleon mich über den Tisch ziehen wollte - beiseite. Die hinzugefügte Passage lautete in etwa so: Ich sollte in das noch aufzusetzende virtuelle Options-Partizipationsprogramm aufgenommen werden, das im ersten Quartal 2016 ins Leben gerufen werden würde, und für welches es einen gesonderten Vertrag geben sollte. Mein Anwalt meinte zwar, das Zugeständnis wäre immer noch recht schwammig, aber besser als nichts und mir blieb ohnehin keine andere Wahl, als den Arbeitsvertrag nun zu unterschreiben.

Arbeitsalltag mit den neuen Mitarbeitern
Die nächsten Wochen mit den neuen Kollegen brachten einige Veränderungen mit sich. Jeden Freitagabend um ca. 19 Uhr versammelte sich das gesamte Team in einem Stehkreis für das Stand-Up Meeting, in dem wir die vergangene Woche Revue passieren ließen. Mir ist kein anderes Unternehmen bekannt, in dem dieses Meeting so spät an einem Freitag stattfindet. Dementsprechend war es um die Motivation der Truppe nicht mehr besonders gut bestellt. Für Napoleon hingegen war es die perfekte Gelegenheit, uns an den Freitagen möglichst lange im Büro festzuhalten. In den Stand-Up Meetings gebärdete er sich wie ein aufgeblasener Gockel und ich hatte jedes Mal Mühe, mir ein Schmunzeln zu verkneifen. Sehr unterhaltsam waren auch Napoleons Vorträge, die einem Lehrbuch zur Mitarbeitermotivation für Dummies zu entstammen schienen. Ganz zu schweigen davon, dass derlei katastrophale Ansprachen völlig wirkungslos waren, kamen sie für mich erbärmlichen Durchhalteparolen gleich.

Nachdem ich fast ein halbes Jahr durchschnittlich 12 Stunden pro Werktag gearbeitet hatte, pendelte ich mich darauf ein, zwischen 20 und

21 Uhr Schluss zu machen. 10 bis 11 Stunden Arbeit am Tag sollten wohl genug sein. Mal ganz abgesehen davon, dass das immense Arbeitspensum der letzten Monate nicht mehr lange durchzuhalten gewesen wäre. Meine Produktivität war ohnehin in den letzten anstrengenden Monaten bereits gesunken und ich merkte, wie mir die Arbeit an die Substanz ging. Außerdem arbeitete ich am Wochenende nur noch selten. Wenn ich Feierabend machen wollte, zitierte mich Napoleon noch fast täglich zu sich und wollte wissen, was ich den ganzen Tag gemacht hätte und wie der Status in der IT sei. Dabei kam ich mir jedes Mal vor wie beim Rapport und fühlte mich von ihm vorgeführt. Mit dieser täglichen Schikane wollte mir Napoleon wahrscheinlich signalisieren, dass es ihm gegen den Strich ging, wenn ich mich so bald am Abend verdrückte. Auch den anderen Teammitgliedern ging es in dieser Hinsicht nicht viel besser. Kaum machte sich jemand auf den Heimweg, schaute Napoleon auch schon auf die Uhr und konnte sich eine dumme Bemerkung nicht verkneifen, was sicher mit ein Grund für die schlechte Stimmung war. Wie schlecht es um die Atmosphäre im Team wirklich bestellt war, wurde mir aber erst bei einem der seltenen gemeinsamen Mittagessen mit einigen neuen Kollegen klar. Da sie während des Essens ständig über Napoleon lästerten, stand ich irgendwie zwischen den Fronten. Zwar war ich in den meisten Punkten der gleichen Meinung, konnte und wollte mir dies aber in der Gruppe nicht anmerken lassen. Oft versuchte ich sogar noch, Napoleons Verhalten irgendwie zu rechtfertigen oder positiver darzustellen, um die Leute zu motivieren. Schließlich war ich Teil des Unternehmens und wollte unbedingt, dass es ein Erfolg wird.

Napoleon ahnte zu diesem Zeitpunkt bereits, dass etwas im Busch war. Ansonsten hätte er mich nicht gleich nach meiner Rückkehr gefragt, wie denn das gemeinsame Mittagessen gewesen sei. Die Situation war nicht einfach für mich und ich gab ihm eine eher ausweichende Antwort. Napoleon hatte aber wohl mitbekommen, dass die Stimmung im Team immer schlechter wurde und verlangte von mir dafür zu sorgen, dass der Team Spirit stimmte. In meinem Einflussbereich hatte ich jedoch bereits alles Mögliche getan, um die Stimmung zu verbessern. Gegen die negative Gesamtstimmung konnte nur Napoleon selbst etwas tun. Die Stärkung des Teamgefühls wäre ein guter Ansatzpunkt gewesen, um die angespannte Situation zu verbessern. Am vorletzten Freitag im Oktober bot sich die perfekte Gelegenheit, einen Tag in die Teamentwicklung zu investieren. In Berlin werden bei Bauarbeiten immer wieder nicht explodierte Fliegerbomben aus dem zweiten Weltkrieg gefunden. Diese sogenannten Blindgänger verursachen keine große Aufregung, müssen aber fachgerecht geborgen werden. Bereits am Vortag wurden wir darüber informiert, dass am darauffolgenden Tag die Gegend um unser Büro aufgrund eines Bombenfundes gesperrt sein würde. Napoleon - für den Home-Office nicht in Frage kam - hatte somit ein Problem. Er musste schnell einen Ort finden, an dem wir weiter stur von früh bis spät unter seiner Kontrolle arbeiten konnten. Die Wahl fiel auf das St. Oberholz in Berlin Mitte, wo ich mich bereits im Mai einmal mit Napoleon getroffen hatte. Das angesagte Nerd Café war absolut ungeeignet, um konzentriert zu arbeiten, erst recht in einer so großen Gruppe. Wir mussten uns im letzten Winkel des St Oberholz an viel zu kleinen Tischen zusammen quetschen und so bei viel zu lauter Geräuschkulisse den ganzen Tag durchhalten. Nachdem wir fast aufeinander hockten, war ein vernünftiges arbeiten gar nicht möglich. Anstatt diesen Tag unproduktiv in einem Café zu vergeuden, hätten wir ihn besser für ein intensives Teambuilding nutzen können. Obwohl eine solche Veranstaltung die Motivation aller Kollegen gesteigert hätte, verschwendete Napoleon keinen Gedanken an solchen - aus seiner Sicht unnötigen - Schnickschnack. Er rechnete wahrscheinlich sowieso nicht mit einer langen Beschäftigungsdauer der meisten Mitarbeiter, also wozu dann einen Teamgeist aufbauen?

Meine Hauptaufgabe war immer noch die Planung und Implementierung neuer Funktionen für den Online-Shop. Zusätzlich musste ich mich wieder mit dem Price Prediction-Thema beschäftigen und DS3 in diese Thematik einführen. Dieser war ein intelligenter junger Informatik-Absolvent, der direkt von der Uni kam und noch nicht viel Berufserfahrung gesammelt hatte. Ich war froh, endlich einen zweiten Techniker im Startup zu haben, mit dem ich mich auch einmal über technische Details und Lösungswege bei Problemen austauschen konnte. Nachdem im August beschlossen worden war, dass die Crawler von DS1 nicht mehr verwendet würden, mussten wir einen kompletten Neustart im Bereich der Preisberechnung machen. Seit dem Ausscheiden von DS1 und DS2 war in diesem Bereich nichts mehr passiert. DS3 sollte nun die Aufgabe übernehmen, neue Crawler zu programmieren. Offiziell gab es keine Aussage von Napoleon, wer für den neuen Mitarbeiter zuständig sein würde. Da die technische Leitung in meinem Bereich lag, fühlte ich mich aber verantwortlich und nahm DS3 unter meine Fittiche. Außerdem war es mir wichtig, dass so ein zentrales Thema wie die Preisberechnung endlich vernünftig vorangetrieben werden würde und ich nahm mir daher die Zeit, DS3 bei seiner neuen Aufgabe zu unterstützen. Diesmal sollte nun endgültig eine vernünftige Lösung her, mit der man dauerhaft arbeiten konnte. Unsere regen Diskussionen über die besten Möglichkeiten zur Umsetzung waren eine angenehme Abwechslung zu den profanen Dialogen mit Pinky über die Weiterentwicklung des Shops. Nachdem DS3 sich intensiv in die Materie eingearbeitet hatte, wurde ihm schließlich die Komplexität seiner Aufgabe bewusst und nach einigem hin und her konnte er mit der Umsetzung eines Prototyps starten.

Auch Pinkies Verhalten veränderte sich mit der Einstellung der neuen Mitarbeiter noch einmal gravierend zum Negativen. Als er zum Team stieß, wurde Pinky noch als genialer Designer angekündigt. Doch wie ich schon sehr bald feststellen musste, entsprach dies nicht der Realität und er entpuppte sich als fachlich völlig inkompetent. Nun verstand er sich plötzlich auch noch als großer Macher, der das Recht hatte, alle anderen Kollegen herumzukommandieren. Während Napoleons USA Reise setzte sich Pinky sogar auf dessen Arbeitsplatz, erteilte den Mitarbeitern Befehle und fühlte sich selbst wie der Größte. Sogar mir gegenüber – meiner Ansicht nach war ich ihm gleichgestellt - versuchte er sich aufzuspielen. Als Pinky einmal etwas gegen den Strich ging, schrie er mich doch tatsächlich an. Vor Verblüffung fehlten mir glatt die Worte. Als er es ein zweites Mal versuchte, war ich darauf vorbereitet und gab ihm klar zu verstehen, dass sein Verhalten völlig inakzeptabel für mich sei und er dies in Zukunft unterlassen solle. So ein Gebaren war mir in meinem ganzen bisherigen Berufsleben noch nicht begegnet. Anscheinend war Pinky der vermeintliche Erfolg zu Kopf gestiegen. Überraschenderweise bat Napoleon Pinky und mich nach dem USA Aufenthalt um unsere Meinung zu den neuen Mitarbeitern. Ein solches Verhalten war überhaupt nicht typisch für ihn. Napoleon interessierte sich doch sonst auch nicht für die Ansichten seiner Mitmenschen. Meiner Vermutung nach wollte er nur herausfinden, was in seiner Abwesenheit passiert war. Pinkies Verhaltenswandel kam auch hier wieder zum Ausdruck, indem er die positive Bewertung eines Kollegen damit begründete, dass dieser seine Anweisungen ohne jede Widerrede befolgt und sich an die Hierarchie gehalten habe. Eine Hierarchie, die so nur in Pinkies Kopf existierte und nicht von Napoleon vorgegeben war.

Außerdem hatte Pinky, was das Delegieren von Arbeit angeht, in den letzten Monaten mächtig dazu gelernt. Ohne sich vorher mit Napoleon abzusprechen, begann er, nach einer Praktikantin für Webdesign zu suchen und lud gleich eine Kandidatin zum Vorstellungsgespräch ein. Nach kurzer Verstimmung aufgrund Pinkies eigenmächtigem Handeln, stimmte Napoleon tatsächlich einer Einstellung der Designerin zu. Pinky musste überzeugende Argumente dafür vorgebracht haben, dringend Unterstützung zu benötigen. Und ja - meines Erachtens brauchte er diese auch - vor allem beim Shop-Design. Napoleon und Pinky waren nämlich eine Zeit lang der festen Überzeugung, die Startseite müsse alle paar Wochen ein neues Design mit anderer Farbgebung aufweisen. Dieser Ansatz war für den Aufbau einer starken Marke extrem kontraproduktiv und konnte den Wiedererkennungswert drastisch senken. Ein besonders unpassendes Beispiel war ein Hintergrundbild mit einer Blumenwiese auf der Startseite. In der Mitte der Seite befand sich eine schwarz umrandete Box, die einen schwarzen Text auf weißem Hintergrund enthielt. Für mich sah das ganze Bild wie eine Todesanzeige aus - gänzlich unpassend für einen Online-Shop. Als ich versuchte, Pinky möglichst diplomatisch darauf hinzuweisen, dass so ein Bild unsere Conversion Rate nicht positiv beeinflussen würde, meinte dieser nur lapidar, dass es entspannt wirken und gut aussehen würde. In dieser Situation wurde mir klar, dass wir scheinbar unterschiedliche Ziele verfolgten. Ich wollte die Leute zu mehr Bestellungen animieren, Pinkies Absicht war es anscheinend, die Leute beim Entspannen zu unterstützen.

Die Webdesign-Praktikantin, von der ich gedacht hatte, Pinky würde sie als Unterstützung im Shop-Design einsetzen, sollte stattdessen ein eigenes CMS-System mit Hilfe-Seiten und einem Blog aufsetzen. Außerdem sollte die berüchtigte Experience-Page darin aufgesetzt werden, von der ich noch immer nicht wusste, was ihr Sinn und Zweck war. Das große Problem an der Sache war nun, dass Pinky keinerlei Ahnung von CMS-Systemen hatte und auch dieses Thema wieder an mir hängen blieb. Ich solle mich um die Praktikantin kümmern und dafür sorgen, dass sie sich bei uns wohl fühlt, waren seine Worte. Das konnte auch nur Pinky einfallen. Er stellte eine Mitarbeiterin ein, ich hatte die ganze Arbeit mit ihr und Napoleon störte sich nicht einmal daran. Zu allem Überfluss sollten wir mit dem verfügbaren AWS-Guthaben unseres Seed-Investors auch noch alles selbst hosten. Die neue Praktikantin hatte zwar Talent aber noch sehr wenig Erfahrung und keine Ahnung von dynamischer Webseiten-Programmierung oder Server-Konfiguration. Außerdem bekam sie immer wieder zusätzliche Aufgaben wie zb die Umsetzung von Javascript-Effekten von Pinky zugeschoben, die er selbst nicht in der Lage war zu lösen. Sie brauchte also meine intensive Unterstützung, die ich ihr - soweit es mir möglich war - auch geben wollte. Aber meine Zeit war begrenzt, weil Napoleon permanent Druck machte und mir ständig beim Thema Online-Shop im Nacken saß. Noch dazu hatte Pinky ständig etwas an den Designs der Webdesign-Praktikantin auszusetzen. Dabei waren ihre Entwürfe um Welten besser als seine eigenen. Vielleicht war ihm ihre gestalterische Überlegenheit insgeheim bewusst und er stellte sie aus reinem Selbstschutz immer wieder bloß. Als ich eines Tages in der Mittagspause war, eskalierte die Situation zwischen den beiden und Pinky schrie die Webdesignerin so laut an, dass sie in Tränen aufgelöst war. Nie hätte ich gedacht, dass es einmal so weit kommen könnte. Aber in diesem Startup war wohl alles möglich, nur leider nicht im positiven Sinne. Nach dem Zwischenfall in der Mittagspause herrschte Eiszeit zwischen den beiden und die Kommunikation beschränkte sich nur noch auf das notwendigste.

Pinkies dauerndes Herumkommandieren anderen Kollegen störte DS3 schon die ganze Zeit. Dass er nun noch mitansehen musste, wie Pinky seine Praktikantin zur Schnecke machte, brachte das Fass zum Überlaufen und er entschloss sich zu kündigen. Schon von Beginn an war er mit der Gesamtsituation in unserem Unternehmen unzufrieden gewesen. Entgegen Napoleons anfänglicher Versprechungen musste er sehr lange Arbeitszeiten für ein vergleichsweise lächerliches Gehalt in Kauf nehmen und eine miese Teamstimmung ertragen. Napoleons erste Reaktion auf die Kündigung von DS3 war überraschend und der Situation überhaupt nicht angemessen. Er teilte mir mit, dass er ihn nicht mehr sehen wolle und ich dafür sorgen solle, dass DS3 sofort das Büro verließe. Wieder einmal kam ich mir vor wie in einem schlechten Film. Napoleons mir bereits bekanntes Verhaltensmuster bei Ablehnung durch andere - in diesem Fall einer Kündigung - war wie immer die sofortige Abwertung der betreffenden Person nach dem Motto: Der war sowieso nicht gut, wir finden sicher einen besseren. Zum Glück beruhigte Napoleon sich irgendwann wieder soweit, dass über die Kündigungsmodalitäten gesprochen werden konnte. Seine naive Vorstellung war, dass DS3 das Startup sofort verlassen würde und er somit auch keinen Cent mehr an ihn zahlen müsse. Da hatte ihm dieser aber einen gehörigen Strich durch die Rechnung gemacht. DS3 hatte ja zwei Wochen Kündigungsfrist und gedachte diese Zeit auch vertragsgemäß bei laufender Bezahlung abzuarbeiten. So blieb er noch bis zum offiziellen Ende seines Arbeitsvertrages und verließ jeden Tag nach

8 Stunden Arbeit pünktlich das Büro. Der Weggang von DS3 brachte mich in eine extrem unangenehme Situation. Ich hatte mich persönlich gut mit ihm verstanden und viel Zeit in seine Einschulung investiert. Nun ging dieses mühsam aufgebaute Wissen durch seine Kündigung auf einen Schlag wieder verloren. Ganz zu schweigen davon, dass der Prototyp, an dem DS3 gearbeitet hatte, noch lange nicht fertig und für einen produktiven Einsatz geeignet war. Langsam hatte ich die Schnauze so richtig voll. Es war zum Verzweifeln. Für die Menge an Zeit, die ich bisher in das Price Prediction Thema investiert hatte, waren die Ergebnisse mehr als dürftig.

Ganz unverhofft bekam ich Anfang November einen IT-Praktikanten. Auf einer Job Messe für Startups[42] lernten Napoleon und Pinky einen potentiellen Kandidaten für den IT-Bereich kennen und luden diesen für den nächsten Tag zum Bewerbungsgespräch in unser Büro ein. Soweit so gut. Leider wurde ich als Verantwortlicher für die IT mit keinem Wort darüber informiert. Erst am Tag als der Bewerber bereits in einem Besprechungsraum wartete, holte Pinky mich dazu und forderte mich auf, spontan ein Bewerbungsgespräch zu führen und mir in kürzester Zeit ein paar Fachfragen für den Kandidaten auszudenken. Wie gebeten, stellte ich ihm einige Fragen zu Datenbankmodellierung und Programmierung und ging wieder an meinen Arbeitsplatz zurück. Nachdem auch Napoleon einige Worte mit dem Bewerber gewechselt hatte, kam er mit ihm ins Büro und verkündete vor versammelter Mannschaft voller Begeisterung dessen sofortige Einstellung. Ohne auch nur nach meiner Meinung zu fragen, hatte Napoleon über meinen Kopf hinweg diese Personalentscheidung getroffen. Die Zeit für das Bewerbungsgespräch hätte ich mir weiß Gott sparen können. Am darauffolgenden Montag hatte der neue IT Praktikant seinen ersten Arbeitstag. Wie sich herausstellte war er ein etwas sensibler aber ausgeschlafener junger Programmierer. Ich gab ihm einige Aufgaben und wir arbeiteten die nächste Tage gut zusammen. Zu meiner Freude brachte sich der neue Kollege sofort voll ein und hatte auch einige gute Ideen. Insgeheim hatte ich wieder einmal die Hoffnung auf eine dauerhafte Unterstützung. Diese währte nur leider nicht allzu lange. Denn schon als wir am Freitag gemeinsam Mittag machten, teilte mir der neue Praktikant nach gerade einmal viereinhalb Tagen mit, dass dies sein letzter Arbeitstag sei und er nächste Woche nicht mehr da sein würde. Er komme einfach nicht mit Napoleon zurecht und meinte, sobald dieser den Raum betrat, herrsche bedrückende Stimmung. Außerdem konnte er mit dem herrschenden Chaos in unserem Startup nichts anfangen. Trotzdem wollte sich der Praktikant noch persönlich von Napoleon verabschieden und wartete, bis dieser am Abend zurück ins Büro kam. Napoleons einzige Reaktion auf die Kündigung war ein kurzes OK. Anstatt nach dem Grund für diesen Schritt zu fragen, ignorierte er den scheidenden Mitarbeiter weitgehend und machte weiter als sei nichts gewesen. Eine solche Reaktion auf Zurückweisung jeglicher Art war typisch für Napoleon. Meine persönliche Stimmung war auf dem absoluten Tiefpunkt. Nach allem was passiert war, dämmerte mir langsam, dass ich unter diesen Voraussetzungen wohl nie in der Lage sein würde, in diesem Unternehmen eine vernünftige IT-Abteilung aufzubauen.

Auf dem Weg zur Series A-Finanzierung

Neben den Anschaffungskosten für die Produkte, die wir vermieten wollten, war das Personal der größte Kostenfaktor für unser junges Startup. Mitarbeiter sind aber gleichzeitig ein entscheidender Erfolgsfaktor für jedes Unternehmen. Sind sie zufrieden, werden sie loyal sein und das Unternehmen auf dem Weg zum Erfolg unterstützen. Unzufriedene Mitarbeiter werden dagegen bei der ersten sich bietenden Gelegenheit das Weite suchen. Eine faire Mitarbeiterpolitik und ein positives Arbeitsklima sollten daher für jeden CEO ganz oben auf der Prioritätenliste stehen.

Napoleon stellte einen Mitarbeiter nach dem anderen ein und das Team wuchs immer weiter an. Leider konnte man dies von den Räumlichkeiten nicht behaupten. Wir hatten weiterhin nur einen Büroraum, in dem das gesamte Team arbeitete und sogar die Pakete verpackt und versandfertig gemacht wurden. Immer öfter versuchte ich dem Lärm zu entfliehen, indem ich meine Kopfhörer und die Kapuze aufsetzte und so probierte, alles um mich herum auszublenden. Von vernünftigen Arbeitsbedingungen konnte man hier allerdings nicht mehr sprechen. Das herrschende Chaos und die daraus resultierende Geräuschkulisse trugen in keinster Weise zur Zufriedenheit des Teams bei. Das alles schien Napoleon aber gar nicht zu interessieren. Seine Personalpolitik richtete sich ganz nach dem „Hire and Fire" Prinzip. Es wurden laufend neue Mitarbeiter eingestellt, von denen viele entweder von selbst wieder kündigten oder aber von Napoleon still und heimlich wieder gefeuert wurden. Im Laufe der Zeit wurde die Fluktuation so hoch, dass ich den Überblick verlor und Probleme hatte, mir die einzelnen Namen zu merken. Mein Kollege BD - der eigentlich für das Business Development verantwortlich war – musste teilweise die Hälfte seiner Arbeitszeit dafür aufwenden, Bewerbungsgespräche zu führen und neue Mitarbeiter einzustellen. Da wäre es doch bei weitem effizienter gewesen, alle Mitarbeiter von Beginn an anständig zu behandeln, ihnen nicht das Blaue vom Himmel zu versprechen und so die Fluktuation möglichst gering zu halten. Denn mit den scheidenden Kollegen ging auch deren erworbenes Wissen auf einen Schlag verloren und die Nachfolger mussten praktisch wieder bei null beginnen. In einer Stellenbeschreibung aus dieser Zeit wurden Dinge beschrieben, die absolut nichts mit der Realität in unseren Startup zu tun hatten. Du kannst dich mit deinen eigenen Ideen einbringen, war eine dieser Aussagen. Mitnichten. Bei uns war die Devise, zu tun was der Chef sagte und ja keine seiner Entscheidungen zu hinterfragen. Gute Ideen hatte grundsätzlich nur Napoleon selbst. Auch das Arbeitsklima wurde mit einer außerordentlichen Teamatmosphäre hochgejubelt. Tatsächlich war die Stimmung alles andere als hervorragend. Außerdem wurde noch erwähnt, dass man hart arbeiten und genügsam sein sollte. Das bedeutete, dass die Bewerber bereit sein mussten, sich rund um die Uhr den Arsch aufzureißen und ja nicht zu viel als Gegenleistung zu fordern.

Neue Freelancer
Napoleon wollte nun auch in der IT den großen Wurf landen. Aber anstatt Unterstützung in Form eines zweiten Softwareentwicklers für mich einzustellen, heuerte er nur IT-Freelancer an. Im November 2015 arbeitete ich bereits mit drei Freelancern zusammen. Der erste - ein Senior-Entwickler - war OK, der zweite war ein Junior-Entwickler und der dritte Freelancer, der mir auch als Senior verkauft wurde, war fast nicht zu gebrauchen. Mit drei weiteren zusätzlichen Köpfen waren Napoleons Erwartungen an die IT natürlich noch weiter gestiegen. Seine Kalkulation sah wie folgt aus: Vervierfachung der Personen ist gleich Vervierfachung des Outputs. Dass diese Rechnung so nicht aufgehen würde, konnte ich ihm einfach nicht begreiflich machen. Napoleon wollte nicht verstehen, dass es unmöglich war, neue Funktionen zu planen, die Freelancer zu koordinieren und dabei selbst noch Vollzeit an neuen Funktionalitäten zu programmieren. Genau das aber erwartete er von mir. Die Organisation in der IT sollte praktisch von selbst laufen und durfte keinerlei Ressourcen beanspruchen. Dass der organisatorische Aufwand mit jedem neuen Mitarbeiter anstieg, war Napoleon nicht beizubringen. Besonders wenn es sich um freie Mitarbeiter handelte, die auf der ganzen Welt verstreut arbeiteten und irgendwie bei Laune gehalten werden mussten. Allein diese drei Freelancer kamen aus zwei Ländern in unterschiedlichen Zeitzonen. Der Senior-Entwickler saß in Ägypten und hatte im Gegensatz zu uns von Freitag bis Samstag sein Wochenende. Ich musste also jeden Sonntag über Skype mit ihm seine Arbeitswoche planen und die Aufgaben besprechen. Die beiden indischen Entwickler hatten - aufgrund der Zeitverschiebung - bereits den halben Arbeitstag hinter sich gebracht, wenn ich morgens aufstand. Noch bevor ich mich auf den Weg ins Büro machte, gab es also eine erste Abstimmung via Skype. Meine Tage waren also damit gefüllt Tasks zu spezifizieren, die Freelancer zu koordinieren und die Erledigung der

ihnen zugewiesenen Aufgaben sowie die Code-Qualität zu prüfen. Dass dabei nicht mehr viel Zeit blieb, um selbst zu programmieren, lag auf der Hand.

Als sich die Situation in der IT weiterhin nicht verbesserte, teilte ich Napoleon mit, dass die alleinige Arbeit mit Freelancern keine Dauerlösung sein konnte. Keiner der drei Freelancer interessierte sich ernsthaft dafür, ob die Qualität seiner Arbeit stimmte oder nicht. Ich benötigte daher dringend Unterstützung durch einen fest angestellten Softwareentwickler vor Ort in Berlin, der sich persönlich engagieren und für seine Arbeit verantwortlich fühlen würde. Gute Programmierer hatten in der Hauptstadt aber ihren Preis und man musste richtig Geld in die Hand nehmen, um einen fähigen Softwareentwickler zu bekommen. Napoleon stellte daher weiter fleißig Mitarbeiter ein, aber keinen einzigen für die IT. Es musste also jemand billiges gefunden werden, der keine hohen Ansprüche hatte und froh war, überhaupt nach Europa kommen zu dürfen. Als ich das OK von Napoleon hatte, beauftragten wir eine Personalagentur, die sich auf die Suche von Kandidaten aus Billiglohnländern spezialisiert hatte. Diese übermittelte mir laufend Lebensläufe von Bewerbern und ich führte mit den vielversprechendsten einige Vorstellungsgespräche über Skype. Als ich die richtige Person für unsere Stelle gefunden hatte, unterbreitete Napoleon ihr nach einem kurzen Gespräch ein Angebot, das diese auch annahm. Wie das Angebot konkret aussah, wusste ich allerdings nicht. Der neue Mitarbeiter arbeitete dann einige Wochen in seiner Heimat für uns, bis er die Zusammenarbeit plötzlich wieder absagte und doch nicht nach Berlin kam. Da wird wohl ein anderes Angebot attraktiver gewesen sein. Den genauen Grund für das Platzen des Vertrages kenne ich allerdings nicht. Napoleons Reaktion auf diese Ablehnung war die gleiche wie immer. Er wertete die Fähigkeiten des Bewerbers im Nachhinein ab und meinte, dieser wäre ohnehin nicht gut genug gewesen. Am Ende stand ich wieder ohne die dringend benötigte feste Unterstützung da.

Logistik
Um eine Series A-Finanzierung zu erhalten, musste die Logistik als elementarer Bereich unseres Geschäfts einwandfrei funktionieren, was sich schon von Beginn an als große Herausforderung darstellte. Wir waren schließlich ein E-Commerce Unternehmen und auf reibungslose Prozesse in der Warenwirtschaft angewiesen. Es musste also schnell eine vernünftige Lösung her. Angefangen bei Napoleon selbst, über P1, 2 und

3 bis hin zu BD, der versuchte einen ordentlichen Prozess zu skizzieren, hatten sich bereits eine ganze Reihe von Personen in diesem Bereich ausprobiert. Bei all den Versuchen haperte es allerdings gewaltig an der Umsetzung. Eines Tages - ich traute meinen Augen kaum - war der ehemals erste Praktikant plötzlich wieder da. Ich war sehr erfreut über seine Rückkehr, hatte ich mich doch immer gut mit ihm verstanden. Außerdem war er blitzgescheit und man konnte gut mit ihm diskutieren. P1 war also durch und durch eine Verstärkung für unser Team. Was ich mich allerdings sofort fragte war, was ihn dazu bewegt hatte, in dieses chaotische Startup mit der erdrückenden Atmosphäre zurückzukehren. Er wusste ja ganz genau was ihn erwartete und entschied sich trotzdem wieder zurück zu kommen, was wohl ein einmaliges Ereignis in der Geschichte des Unternehmens bleiben sollte. Meinen Respekt hatte P1 in jedem Fall sicher. Im Scherz fragte ich ihn, ob er etwas Schlimmes angestellt hatte und sich durch seine Rückkehr selbst für etwas bestrafen wolle.

Wie P1 mir später berichtete, hatte ihn Napoleon unter Vorspiegelung falscher Tatsachen zurück ins Unternehmen gelockt. Napoleon berichtete ihm von sehr hohen Bestellzahlen und beteuerte unser Startup gehe gerade ab wie eine Rakete. Diese einmalige Chance, Teil von etwas so Erfolgreichem zu werden, wollte sich P1 ein auf keinen Fall entgehen lassen. Tatsächlich hatte sich die Situation seit dem Blog Artikel von Anfang September zwar verbessert, von einer ständig hohen Anzahl an Neubestellungen wie an jenem Tag, waren wir aber noch meilenweit entfernt. Auch aus dem versprochenen Job im Finanzbereich wurde erst einmal nichts. P1 musste - wie schon zu Praktikumszeiten - in der Logistik sein Dasein fristen. Nachdem sich in der Zwischenzeit nichts verbessert hatte, stand er wieder vor dem gleichen Chaos und sollte dieses ein für alle Mal beseitigen. Eine Mammutaufgabe, denn es hatten bereits so viele verschiedene Personen an dem Google Sheet Änderungen vorgenommen, dass niemand mehr einen Überblick hatte. Napoleon versicherte P1 mehrmals, dass er das schon schaffen würde. Für diesen ging es derweil in allen Belangen weiter wie in seiner Zeit als Praktikant, mit langen Arbeitszeiten und ständigen Anschissen von Napoleon. So überraschend wie er aufgetaucht war, kündigte P1 auch wieder und verließ das Startup zum zweiten Mal. Wenigstens konnte ich mich noch persönlich von ihm verabschieden. Von Napoleons Seite war nämlich wie immer kein Sterbenswörtchen über die Kündigung zu vernehmen.

Bereits einige Tage zuvor informierte Napoleon mich, dass Anfang November jemand für eine Woche zum Probearbeiten kommen würde und ich ihm meine volle Unterstützung geben solle. Ein Profi im Bereich Logistik mit viel Erfahrung - Mitte 40 und aus Israel - sollte es nun richten. Auch diesem Kandidaten hatte Napoleon wieder das Blaue vom Himmel erzählt, um ihn anzulocken. Dementsprechend verwundert war er dann auch, als ich ihm mitteilte, dass die Anzahl der täglichen Bestellungen gerade bei ungefähr 10 liege. Die nächsten Tage investierte ich einen beträchtlichen Teil meiner Arbeitszeit, dem potentiellen neuen Kollegen unsere Abläufe zu erklären und mit ihm über mögliche Lösungsansätze zu diskutieren. Dieser hatte zwar einige gute Vorschläge, allerdings keine, die wirklich neu für uns gewesen wären. Nachmittags verschwand der Kandidat immer aus dem Büro und erzählte mir, dass er sich mit seiner Frau die Stadt ansehen würde. Zum Ende der Woche hin hatte ich nicht den Eindruck, dass er wirklich motiviert war und die Stelle unbedingt haben wollte. Unser Startup entsprach wohl doch nicht ganz seinen Vorstellungen. Nach dieser Probewoche hörte ich jedenfalls nichts mehr von dem Logistik-Profi und hatte meine Zeit wieder einmal umsonst investiert. Napoleons falsche Aussagen über den Entwicklungsstand unseres Startups führten einfach zu nichts. Damit weckte er Erwartungen in den Bewerbern, die wir nicht einmal ansatzweise erfüllen konnten. Mit von Beginn an offener Kommunikation hätten wir uns eine Menge Zeit und Ärger ersparen können.

Nach dem Flop mit dem Logistik-Ass ging es nun Schlag auf Schlag. Ende November stieß der nächste Logistiker zum Team, den ich im folgenden DJ nennen möchte. DJ war Mitte 30 und extra für diesen Job aus London nach Berlin umgezogen. Am Anfang hatte er immer einen lockeren Spruch auf den Lippen und war zu Späßen aufgelegt. Das Scherzen sollte ihm aber schon bald vergehen, denn Napoleon setzte DJ vom ersten Tag an massiv unter Druck. Laut seiner Ansage müsse dieser die Logistik innerhalb von nur zwei Wochen in den Griff bekommen. Was Napoleon und die vielen Praktikanten in den fünf Monaten zuvor nicht geschafft hatten, sollte jetzt quasi über Nacht erledigt werden. DJs schillernde Erzählungen über seine bisherigen Erfahrungen bei Unternehmen wie Google & Co. beeindruckten Napoleon und trugen sicher dazu bei, seine Erwartungshaltung ins unermessliche zu steigern. Durch die permanent hohe Belastung schwand DJs Humor zusehends und ich konnte seinen Verfall von der gegenüberliegenden Seite des Tisches täglich beobachten.

Mir tat er wirklich leid und ich konnte mich gut in DJ hineinversetzen. Alles was er von Berlin zu Gesicht bekam, war der Weg ins Büro und wieder zurück in seine Wohnung. Für Sightseeing blieben weder Zeit noch Energie, da Napoleon ihm bereits sprichwörtlich alle Lebensenergie ausgesaugt hatte.

DJs Aufgabe war es, den gesamten Logistikprozess zu koordinieren. Dabei bekam er Unterstützung von einer zusätzlichen Kollegin, die ein Studium im Bereich Logistik absolviert hatte und ebenfalls im November zum Team stieß. Für das tatsächliche Verpacken der Pakete war dann ein Praktikant zuständig. Das Logistik-Team hatte nicht nur mit der lausigen Qualität der Paketzustellung zu kämpfen, sondern auch mit den ständigen Einmischungen Napoleons, der es einfach nicht lassen konnte, bei allem das letzte Wort zu haben. Napoleons Druck auf DJ erhöhte sich nach den ersten Tagen immer weiter und als sich abzeichnete, dass das Logistik-Chaos nicht so einfach zu lösen sein würde, schob dieser einfach der IT den schwarzen Peter zu. Das musste DJ Napoleon natürlich nicht zweimal sagen und schon gingen beide gemeinsam wie wilde Hunde auf mich los und suchten die alleinige Schuld in meinem Verantwortungsbereich. Natürlich kann die IT dazu beitragen, den Logistik-Prozess zu verbessern, aber dazu muss das Thema dementsprechend priorisiert werden. Mit P1 hatte ich bereits in den Wochen zuvor ein Konzept entwickelt, wie wir die Inventarverwaltung komplett in SpreeCommerce integrieren wollten. Der wesentliche Punkt dabei war es, das Google Sheet zu eliminieren, welches einen großen Anteil am Logistik-Chaos hatte. Der ständige Wechsel von Zuständigkeiten in der Logistik sowie permanenter Druck bei der Weiterentwicklung des Online-Shops verhinderten aber immer wieder die Umsetzung. Nachdem der wesentliche Plan stand, startete ich nun endlich mit den Freelancern unter Hochdruck die Programmierung. Die Shop-Funktionalität muss dabei erst einmal hintenanstehen.

Die Ereignisse um das Logistik-Thema führten schließlich auch zu Napoleons Aussage, dass die IT maximal transparent seine müsse und bestärkten ihn weiter in seinem Kontrollwahn. Er wollte bis ins Detail wissen, woran die Freelancer und ich gerade arbeiteten, obwohl er sowieso immer genau bescheid wusste. Mein Argument, dass ein noch genaueres Reporting die IT kein bisschen schneller machen würde, ignorierte Napoleon. Ich konnte schon gar nicht mehr mitzählen, wie oft ich ihm die wirklichen Ursachen für die schwierige Situation in meinem Team bereits erläutert hatte. Ohne vernünftigen Softwareentwicklungsprozess (siehe Anhang Überblick über Scrum und unseren Softwareentwicklungsprozess) und einem zusätzlichen Programmierer vor Ort, der sich für die Ergebnisse seiner Arbeit verantwortlich fühlte, würden wir niemals schneller werden und bessere Qualität abliefern. Nichtsdestotrotz bot ich an, Napoleon und DJ Zugang zu dem Issue-Tracking-System[43] zu geben, das ich gemeinsam mit den Freelancern verwendete. Darin konnte man genau erkennen, welcher Programmierer gerade an welcher Aufgabe arbeitete. Napoleon lehnte diesen Vorschlag jedoch sofort mit der Begründung ab, das sei ihm zu technisch. Das einzige was ihn interessierte und womit er etwas anfangen konnte, waren Excel-Tabellen. Nachdem mein Widerstand zwecklos war, setzte ich parallel zu den bereits vorhandenen Aufzeichnungen eine Excel-Tabelle mit den offenen Tasks auf. Wie sich nach kurzer Zeit herausstellte, völlig umsonst, da Napoleon nach ein paar Wochen das Interesse daran bereits wieder verloren hatte und ich das doppelte Issue-Tracking wieder einstellen konnte. Einige Tage nach der Auseinandersetzung gestand DJ mir in einer persönlichen Aussprache, dass er Napoleons Druck einfach auf mich abgewälzt hatte, um sein Überleben in unserem Startup zu sichern. Solche Revierkämpfe kannte ich bisher nur aus Erzählungen, denn nach meiner Erfahrung haben gerade im Bereich der Softwareentwicklung Kollegialität und Teamarbeit einen besonders hohen Stellenwert. DJs Verhalten konnte ich natürlich verstehen, war aber trotzdem betroffen, so etwas erleben zu müssen. Als DJ langsam mitbekam, wie Napoleon tickte und begriff, dass niemand seinen Ansprüchen gerecht werden konnte, entwickelten wir ein recht gutes Verhältnis zueinander.

Im Dezember kündigte Napoleon an, wir würden in Zukunft zusätzlich mit einem externen Logistik-Dienstleister zusammenarbeiten. Schon seit Beginn unserer Zusammenarbeit stand im Raum, diesen Bereich komplett auszulagern, nur durchringen konnte sich Napoleon zu dieser Entscheidung bis dahin nicht. Sicher, Outsourcing ist immer mit einem gewissen Risiko verbunden und gerade als E-Commerce Unternehmen muss man die Vor- und Nachteile einer externen Logistiklösung genau abwägen. Das monatelange hin und her Napoleons bei diesem wichtigen Thema war aber alles andere als zielführend. BDs gute Kontakte zu einem der führenden und weltweit operierenden Logistik-Anbieter, gaben den tatsächlichen Anstoß für das Outsourcing Projekt. Das Unternehmen sollte doch eigentlich den perfekten Partner für Napoleons ambitionierte

Pläne darstellen. Nachdem sowohl Napoleon selbst als auch BD mit Worten zu überzeugen wussten, waren die Erwartungen des Logistik-Anbieters in das Projekt entsprechend hoch und dieser war - wie ich mitbekommen hatte - sogar bereit, einen niedrigen sechsstelligen Betrag als Anlaufkosten in das Projekt zu stecken. Auf unserer Seite gab es, abgesehen von DJs und meiner Arbeitszeit, keinerlei Investitionen. Ganz nach Napoleons Kredo, niemals Setup-Kosten für irgendetwas zu bezahlen.

Dem ganzen Projekt lag - nicht weiter verwunderlich für unser Startup - ein völlig irrwitziger Zeitplan zugrunde. Teil 1 war die Abwicklung der Bestelleingänge und sollte noch in der Woche vor Weihnachten, bis spätestens 18.12.2015, fertig gestellt werden. Die Abwicklung der Rücksendungen von Kunden sollte dann in einem zweiten Schritt integriert werden. Schon als ich diese Deadline zum ersten Mal hörte, erschien sie mir als ziemlich unrealistisch. Ich hielt aber mit meiner Meinung noch hinter dem Berg, denn die Erfahrung hatte mich gelehrt, dass ich in Napoleons Augen gleich wieder als Bremser dastehen würde, sobald ich meine Zweifel äußerte. Erst als später offensichtlich wurde, dass der 18.12. unmöglich zu schaffen war, tat ich meine Meinung offen kund. Mir taten vor allem die Projektverantwortlichen des Logistik-Dienstleisters leid, die das Risiko eingegangen waren unser kleines Startup zu unterstützen und bereits eine beachtliche Summe investiert hatten. IT-seitig musste Shipedge[44] - eine Cloud Warenmanagement Software - angebunden werden, mit welcher der Logistik-Anbieter unser Inventar verwalten wollte. Damit war schon eine dritte Partei in das Projekt involviert, was definitiv nicht zur Vereinfachung der Kommunikation beitrug. Speziell für uns wurden auch noch einige Änderungen an ihrer Software vorgenommen. Zu allem Überfluss stellte sich im Zuge der Vorbereitungen heraus, dass keines unserer Produkte mit einer UN-Nummer[45] gekennzeichnet war. Ohne diese Nummer für gefährliche Güter und Stoffe durfte der Logistik-Dienstleister jedoch nicht operieren und keine Pakete in unserem Namen verschicken. DJ musste also eine Liste mit all unseren Produkten - zu diesem Zeitpunkt bereits über 300 - erstellen und diesen die korrekten UN-Nummern zuweisen. Da sich keiner von uns bis dahin mit dieser Thematik beschäftigt hatte, mussten alle Informationen erst mühsam zusammengetragen werden. Zu den Videokonferenzen mit den beteiligten Parteien kamen DJ und ich meist zu spät und auch noch unvorbereitet. Peinlich für uns beide, aber wir konnten uns einfach nicht zerreißen. DJ hatte das Tagesgeschäft in der noch bei uns angesiedelten Logistik abzuwickeln und ich hatte genügend andere Baustellen in der IT, um die ich mich dringend kümmern musste. Napoleon konnte unsere laufenden Absprachen im Projektteam überhaupt nicht nachvollziehen und machte uns ständig zusätzlichen Stress. Die Abstimmungen waren aber notwendig, um das Projekt erfolgreich durchzuführen. Sehr peinlich waren auch unsere ersten Versuche, eine Konferenzschaltung mit dem Logistik-Anbieter durchzuführen. Da DJ mit seinem Billig-Laptop nicht einmal in der Lage war, ein ordentliches Online-Meeting durchzuführen, mussten wir dazu mein privates Notebook verwenden.

Die ganze Zeit fragte ich mich, was nun mit der Inventarlösung passieren sollte, die wir in SpreeCommerce integriert hatten. Würden wir in Zukunft überhaupt noch eine eigene Inventarverwaltung haben? Auf diese Frage sollte ich zunächst keine Antwort erhalten. Da von IT-Seite nur noch die Skripte fehlten, um das Google Sheet zu importieren, stellten wir diese noch fertig, um die SpreeCommerce-Integration ein für alle Mal abzuschließen. Das einzige was jetzt noch ausstand, war die Ergänzung des Google Sheets um fehlende Daten und dessen Aufbereitung für den Import in SpreeCommerce. Für DJs Team hatte diese Aufgabe aber gerade nicht höchste Priorität. Da Napoleon nie zu 100% hinter dem Outsourcing Projekt gestanden hatte, weil er die Kontrolle nicht verlieren wollte, war die Ausgangssituation für eine erfolgreiche Durchführung alles andere als ideal. Sein ständiges hin und her zwischen Auslagerung der Logistik oder doch interner Abwicklung, führte ihn schließlich zu folgender Idee: Napoleon wollte zweigleisig fahren, also einen Teil des Inventars behalten und den anderen an den Logistik-Dienstleister abgeben. Das war natürlich die denkbar schlechteste und komplizierteste Lösung, die aber schließlich so weiterverfolgt wurde.

Geld, Geld, Geld
Ein weiterer wichtiger Punkt, den wir dringend in den Griff bekommen mussten, um das große Ziel der Series A-Finanzierung zu erreichen, war das Debitorenmanagement[46]. Wir brauchten dringend einen Überblick über unsere Zahlungseingänge, die offenen Rechnungen und auch gegen vermeintlichen Betrug musste etwas getan werden. Der fällige Mietbetrag wurde jeden Monat automatisch vom Kunden abgebucht. Schlug diese Transaktion fehl - was leider ziemlich oft vorkam - musste die Abbuchung manuell im Backend vorgenommen werden. War auch das nicht

erfolgreich, war es nötig nachzuforschen, wo das Problem lag. In vielen Fällen war das Paypal-Konto der Kunden einfach nicht ausreichend gedeckt oder die Kreditkarte abgelaufen. Ein kleiner Teil versuchte wahrscheinlich vorsätzlich unser Geschäftsmodell auszunutzen und die Zahlung zu vermeiden. Speziell in Großbritannien stand es mit der Zahlungsmoral nicht zum Besten. In Deutschland hingegen hatten wir viel weniger Probleme mit säumigen Kunden. Die Gesamtsituation stellte sich also folgendermaßen dar. Wir hatten etliche Kunden, die uns Geld schuldeten, aber keinerlei Überblick über die tatsächliche Höhe der Außenstände. Also wieder einmal Chaos pur. Napoleon war natürlich - ausnahmsweise zurecht - sehr aufgebracht über diese Situation. Nun galt es für BD und mich, möglichst rasch einen Prozess aufzusetzen, der die offenen Beträge beim Kunden automatisch einsammelt. War die monatliche Abbuchung nicht erfolgreich, sollte ein Vorgang angestoßen werden, der alle paar Tage versuchen würde, den ausstehenden Betrag beim Kunden abzubuchen. Nach jedem fehlgeschlagenen Versuch würde eine automatische Zahlungserinnerung per E-Mail an den Schuldner versendet werden. Nach einigen Versuchen sollte dann direkt der Inkassoverwalter die offene Summe beim Kunden eintreiben. Bis dieser Prozess wie gewünscht funktionierte, vergingen einige Wochen mit Programmierung und ausführlichen Tests. Denn in einem so sensiblen Bereich, wie der Abbuchung von Paypal-Konten bzw. Kreditkarten, war mir die fehlerfreie Durchführung jedes Schrittes extrem wichtig. Nach Napoleons Ansicht dauerte das alles wieder viel zu Lange. Ich dagegen wollte jeden Fehler vermeiden und suchte nach Ruhe, um konzentriert arbeiten zu können. Im Büro war daran dank der Hektik, die Napoleon verbreitete und dem ständigen Lärm aber nicht zu denken und so zog ich mich, wann immer es möglich war, in den Konferenzraum zurück. Dort hatte ich wenigstens eine Zeit lang meine Ruhe.

Des Weiteren waren wir mit der Integration eines zweiten Scoring-Systems beschäftigt. Neben dem Bürgel Score, der schon zu Beginn vom ägyptischen Unternehmen implementiert wurde, griffen wir nun auf Trustev[47] zurück, um die Kreditwürdigkeit unserer Kunden noch besser einschätzen und Betrugsfälle eindämmen zu können. Nachdem die aufwändige Implementierung erfolgt war und ich einige langwierige Gespräche mit Trustev hinter mich gebracht hatte, teilte mir Napoleon mit, dass wir diese Lösung aufgrund der hohen Kosten nun doch nicht einsetzen würden. Ich fühlte mich wieder einmal richtig verarscht, da die Preise von Anfang an klar auf der Website ersichtlich gewesen waren.

Erneut hatte ich unheimlich viel Zeit umsonst in ein Projekt investiert.

Jahresendspurt

Anfang Dezember kam im Team das Thema Weihnachtsfeier zur Sprache. Napoleon hielt, wenig überraschend, nichts von solchen Plänen. Meiner Vermutung nach befürchtete er, dass zu diesem Anlass doch noch ein Teamgefühl aufkommen könnte. Da BD jedoch der Ansicht war, zu jedem richtigen Unternehmen gehöre eine Weihnachtsfeier, ließ sich Napoleon doch noch dazu breitschlagen. Ich persönlich hätte nicht auf eine Weihnachtsfeier bestanden, fand es dann aber doch recht spannend, die anderen Teammitglieder einmal außerhalb der Arbeit zu treffen. Wer weiß, dachte ich mir, vielleicht lernt man sich dadurch wirklich auf einer anderen Ebene kennen. Gemeinsame Treffen nach Feierabend hatte es bis dato so gut wie nie gegeben. Nach einem langen und harten Arbeitstag war ich meist viel zu erschöpft, um noch etwas zu unternehmen und mit den Kollegen etwas trinken zu gehen.

Im Zuge der Gespräche über Weihnachten erzählte Napoleon einmal, wie er seine Weihnachtsferien während der Schulzeit verbracht hatte. Eine der seltenen Gelegenheiten, an denen wir auch über private Themen sprachen, statt nur über die Arbeit. Dabei wurde deutlich, wie besessen er tatsächlich von seinem eigenen Erfolg war. Als wäre es das normalste der Welt, berichtete er, dass er die ganzen Ferien hindurch nur gelernt habe, um sich so einen Vorsprung auf seine Mitschüler zu erarbeiten. Anstatt uns zu beeindrucken, löste das jedoch nur Kopfschütteln bei uns aus. Gegen eine gesunde Portion Ehrgeiz ist absolut nichts einzuwenden, aber Auswüchse dieser Art waren mir bis dahin fremd. Situationen, in denen man Details aus Napoleons Privatleben erfuhr, waren zwar selten, gaben aber immer interessante Einblicke in seine Persönlichkeit.

BD kümmerte sich im Vorfeld um die Organisation der Weihnachtsfeier und hatte dazu eine AirBnB Wohnung im Berliner Stadtteil Charlottenburg gemietet. Eine Klasse Idee wie ich fand. Die Feierlichkeiten sollten am Freitag vor Weihnachten ab 19 Uhr stattfinden, da Napoleon mich im Büro aber noch bis dahin beschäftigte, bestieg ich - zusammen mit einigen Kollegen - etwas verspätet die U-Bahn, um zur Party-Location zu gelangen. Gegen 19.45 Uhr trafen wir schließlich in der gemieteten Wohnung ein. Schon als ich auf der Party ankam, war BD betrunken. Auf mich wirkte er ziemlich frustriert und ich wollte die Gunst der Stunde nutzen, mich endlich einmal richtig mit ihm zu unterhalten. Diese Gelegenheit würden wir im Büro so schnell nicht wiederbekommen und BD schien denselben Wunsch zu hegen. Wir unterhielten uns unter anderem darüber, wie viele Anteile Napoleon jedem von uns versprochen hatte und was gerade alles im Startup schief lief.

Napoleon selbst erschien erst gegen 21 Uhr auf der Weihnachtsfeier. An diesem Abend fand noch die Premiere unseres neuen Videos statt, an dem das halbe Team gemeinsam mit externer Unterstützung wochenlang herumgebastelt hatte. Der Clip war wirklich professionell gemacht und hätte sich auch als TV-Spot geeignet. Da wir aber nicht das Budget für TV-Werbung hatten, waren all die Zeit und das Geld für dieses Hochglanz Video meiner Meinung nach eine Fehlinvestition. Auch die Botschaft, die das Video transportieren sollte, war unklar. Wenn man am Ende nicht weiß, dass unser Unternehmen Unterhaltungselektronik vermietet, wurde das Ziel wohl eindeutig verfehlt. Für Napoleon aber kein Grund, sich nicht trotzdem groß vor allen Anwesenden zu inszenieren. Der restliche Abend verlief relativ unspektakulär. Gegen 24 Uhr, nachdem ich die Party unbeschadet überstanden hatte, verließ ich die Wohnung und machte mich auf den Heimweg.

Bereits einige Tage vor der Weihnachtsfeier hatte ich Napoleon gefragt, ob ich nicht über die Feiertage von zu Hause arbeiten könnte. Mir Urlaub zu nehmen, war mir gar nicht erst in den Sinn gekommen, da ich ja wusste, dass ich ohnehin keinen einzigen Tag ungestört bleiben würde. Nichtsdestotrotz wollte ich zur Abwechslung gerne ein paar Tage bei meinen Eltern in Österreich verbringen und in entspannter Atmosphäre arbeiten. Von entspanntem Arbeiten konnte aber dann keine Rede sein. Gefühlte 100 Mal am Tag wollte jemand etwas von mir wissen und ich verbrachte die Hälfte der Zeit mit Skype-Gesprächen. Durch die ständige Ablenkung, kam ich an meinen großen Baustellen nicht viel weiter. Hauptsächlich war ich mit dem Logistik Outsourcing Projekt beschäftigt, wo wir bereits massiv dem Zeitplan hinterherhinkten. Sogar am 24.12. führte ich dazu noch ein längeres Telefonat mit DJ, der unbedingt noch das weitere Vorgehen im Projekt mit mir koordinieren und Antworten auf seine offenen Fragen haben wollte. Die darauffolgenden beiden Feiertage vom 25. bis zum 26.12. schaltete ich endlich einmal vollkommen ab. Am Montag danach ging der Stress aber schon wieder munter weiter.

Mittwoch, 30.12.2015

Da ich mich auf die Arbeit fokussieren wollte, hatte ich mir abgewöhnt, den Team-Chat auf Slack permanent zu verfolgen. Manchmal lohnte es sich aber doch, einen Blick hinein zu werfen. In der Nacht vom 30.12. postete Napoleon eine Nachricht, die sinngemäß auf Deutsch übersetzt wie folgt begann: „Für jeden, der bereits einen Tag krank war, auch mit ärztlicher Bestätigung. Das folgende Zitat ist eine schöne Erinnerung daran, welche Arbeitseinstellung man haben muss, um erfolgreich zu sein: Man muss rund um die Uhr verfügbar sein. Krankenstand gibt es nur bei Einlieferung in die Notaufnahme oder einer Operation. Und selbst dann sollte man besser seinen Blackberry dabeihaben, um immer auf dem Laufenden zu sein, was im Büro gerade passiert." Mit diesem Statement war Napoleon wohl etwas über sein Ziel hinausgeschossen. Einmal mehr fragte ich mich, was nur mit diesem Menschen los sei. Was veranlasste ihn sonst zu solchen Aussagen und das mitten in der Nacht? Was bezweckte er damit? Was wollte er dem Team mitteilen? Sollte es etwa niemand mehr wagen, sich krank zu melden? Wie ich später herausfinden sollte, stammte das Zitat aus den „inoffiziellen" Leitsätzen von Goldman Sachs.

Am Silvestertag erreichte mich noch eine E-Mail von Pinkies Praktikantin, in der sie mir ihre Kündigung mitteilte. Sie komme mit ihm einfach nicht zurecht und könne nicht mehr mit ihm zusammenarbeiten, war ihre Begründung. Pinky - der mir noch an ihrem ersten Arbeitstag gesagt hatte, ich solle dafür sorgen, dass sie sich bei uns wohl fühle - hatte es trotz meiner Bemühungen tatsächlich geschafft, seine Praktikantin zu vergraulen. Etwas lief wirklich gewaltig schief in diesem Unternehmen und Pinkies Praktikantin sollte nicht die letzte sein, die uns verlassen würde. Gleich zu Jahresbeginn kündigte die zweite Social Media Expertin (SME2) ihren Job, da sie eine bessere Stelle gefunden hatte. Keine Kunst bei den Arbeitsbedingungen in unserem Startup. Zu allem Überfluss verließ uns kurze Zeit darauf auch die Customer Service Mitarbeiterin, mit der ich mich sehr gut verstanden hatte. Bei einem späteren Treffen erzählte sie mir dann, sie habe Napoleon beim Kündigungsgespräch so richtig die Meinung darüber gegeigt, wie er seine Mitarbeiter behandelte. Richtig so, dachte ich mir. Endlich einmal jemand, der sich das traute. Bei Napoleon kam diese Aktion augenscheinlich nicht so gut an, wie bei mir. Er untersagte der Kollegin sogar, noch einmal ins Büro zu kommen, um sich von uns allen zu verabschieden.

Salesforce und der Anfang vom Ende meiner Autorität

Anfang des neuen Jahres kam Napoleon auf die Idee, das Customer-Relationship-Management zukünftig über Salesforce[48] abzuwickeln. Zuvor hatten wir nur einen rudimentären Online-Dienst für die Kundenkommunikation verwendet. Zur Integration und Anpassung von Salesforce an unsere Bedürfnisse engagierte er ein Softwareunternehmen aus Polen. Für solche Vorhaben war anscheinend genug Geld vorhanden, für festangestellte Softwareentwickler nicht. In die Entscheidung wurde ich natürlich nicht mit einbezogen und einmal mehr komplett übergangen. Wieso auch? Napoleon war der Chef und ich nur die kleine Arbeitsameise, die dafür sorgen sollte, dass die IT reibungslos lief. Die Liste der offenen Baustellen im Online-Shop und in der Logistik war noch immer sehr lang. Dank Napoleon sollte nun schon wieder eine Neue dazu kommen und damit endgültig meine nie wirklich vorhandene Autorität im IT-Bereich untergraben.

Montag, 11.01.2016
Beim ersten Termin mit den polnischen Salesforce-Entwicklern, wollten diese sich ein Bild über die technischen Gegebenheiten machen. Sie stellten mir viele Fragen und ich entschied mich dafür, ihnen offen von unseren Problemen und der chaotischen Arbeitsweise zu erzählen. Sie sollten schließlich wissen, womit sie es zu tun bekommen würden. Nachdem die beiden einen ersten Eindruck bekommen hatten, wie wir arbeiteten, dachten sie bestimmt, ich wäre völlig inkompetent. Dass dieses unkoordinierte Vorgehen zum Großteil nicht in meiner Verantwortung lag, dürfte den beiden in diesem Moment noch nicht klar gewesen sein. Für zwei Wochen arbeiteten die Entwickler dann vor Ort in unserem Berliner Büro. Sie schlugen vor, Salesforce direkt über einen Datenbanklink[49] an unser System anzubinden. Das war aus meiner Sicht so ziemlich die schlechteste Architekturentscheidung, die man treffen konnte. Schafft man doch dadurch eine tiefe Abhängigkeit zwischen zwei unabhängigen Anwendungen. In unserem Fall zwischen unserem Online-Shop SpreeCommerce und Salesforce. Bei jeder Änderung der Datenbank müsste bei dieser Lösung die zweite Anwendung mitberücksichtigt werden. Eine weitestgehend unabhängige Entwicklung beider Systeme würde so nicht mehr möglich sein. Auch die Sicherheit war ein Thema, welches mir Kopfzerbrechen bereitete. Unsere

Datenbank war bisher so konfiguriert, dass sie nur vom SpreeCommerce Server erreichbar war. Salesforce dagegen wurde bei einem völlig anderen Anbieter gehostet. Es entstand also eine rege Diskussion über den besten Weg mit den beiden Entwicklern. Ich plädierte für eine saubere REST-Schnittstelle[50] zwischen den beiden Anwendungen, welche mittlerweile den allgemeinen Standard bei Webanwendungen darstellte und außerdem die nachhaltigste Lösung gewesen wäre. Ihr Hauptargument war, dass die Link-Lösung zwar nicht schön sei, dafür aber schnell umgesetzt werden könne. Wir sollten doch jetzt den Datenbanklink verwenden und irgendwann später eine vernünftige Schnittstelle bauen, war der Vorschlag der Salesforce-Entwickler. Mir war jedoch von vornherein klar, dass dies eine Wunschvorstellung bleiben würde und Napoleon uns niemals die Zeit für einen nachträglichen Umbau der Schnittstelle geben würde. Wenn ein System erst einmal läuft, wird es nur mehr in den seltensten Fällen geändert. Ganz getreu dem englischen Sprichwort „never change a running system[51]". Das dürfte den beiden polnischen Entwicklern auch klar gewesen sein. Ich erläuterte Napoleon die Situation aus meiner Sicht und versuchte, ihn von der nachhaltigeren Lösung zu überzeugen. Doch wie so oft ging er auf meine Argumente gar nicht erst ein. Mit der Aussicht auf eine schnelle Lösung, hatten ihn die Salesforce-Entwickler sofort von ihrem Vorschlag überzeugt und Napoleon wies mich an, sie in allen Belangen zu unterstützen. Nachdem mir mein eigener Chef so in den Rücken gefallen war, gab ich meinen Widerstand auf und stellte den Entwicklern alle Zugangsdaten zur Verfügung.

Das Hauptziel der polnischen Entwickler war zunächst, Napoleon schnell Resultate zu liefern, um ihn erst einmal zufrieden zu stellen. Deshalb auch der Schnellschuss mit dem Datenbanklink. Aus ihrer Sicht konnte ich das sogar verstehen, für mich allerdings war das eine wirklich blöde Situation. War ich es doch, der langfristig mit diesen kurz gedachten Lösungen leben musste. Trotz unterschiedlicher Ansichten bezüglich der Anbindung von Salesforce, hatten die beiden Entwickler meiner Ansicht nach eine professionelle Einstellung sowie eine gute Portion Sachverstand und nachdem ich den ersten Schock meiner „Entmachtung" überwunden hatte, klappte die Zusammenarbeit gut. Mein Eindruck war, dass die beiden Entwickler mich zu Beginn unserer Zusammenarbeit noch nicht für voll genommen hatten und dachten, ich wäre für die chaotischen Zustände in der IT verantwortlich. Das sollte sich in den nächsten Wochen jedoch rasch ändern. Je näher sie Napoleon kennenlernten, umso mehr wurde ihnen klar, woher die vielen Probleme in der IT rührten. Ihre Beteuerungen, alles ginge rasch voran, nahm Napoleon sofort für bare Münze, setzte die beiden Entwickler massiv unter Druck und bombardierte sie mit einer Liste von zusätzlichen Funktionen. Bevor überhaupt geklärt war, wie ein Feature umgesetzt werden sollte, sprach Napoleon bereits vom nächsten. Willkommen in meiner Welt, dachte ich bei mir. Die Salesforce Entwickler und ich saßen nun im selben Boot und ihre Aussagen veränderten sich von „wird sofort erledigt" zu „Schritt für Schritt". Napoleons unrealistische Forderungen lösten bald nur noch Kopfschütteln bei den beiden aus. Aber so ging es irgendwann allen, die eine gewisse Zeit mit ihm zusammengearbeitet hatten. Im Verzetteln war Napoleon einfach Weltmeister. Mit der Zeit zog ich mich immer mehr aus dem Salesforce-Thema zurück, um mich auf andere Baustellen in der IT zu konzentrieren. Ich war froh, dass Napoleon sich gerade jemand anderen ausgesucht hatte, den er mit seinen Anforderungen überschütten konnte.

Kurze Zeit später kündigte Napoleon plötzlich an, wir würden neue Funktionalitäten ab sofort nur noch mit Salesforce umsetzen. Nur das Nötigste sollte weiterhin über SpreeCommerce laufen. Bei unseren ersten Treffen im April 2015 hatte er noch in den höchsten Tönen von dem Shop-System geschwärmt und erzählt, dass man alles so toll anpassen und erweitern könne. Von dieser anfänglichen Begeisterung war jetzt nichts mehr zu spüren, obwohl SpreeCommerce meiner Meinung nach eine durchdachte Online-Shop Lösung war. Er wollte nun sogar bestehende Funktionalitäten in SpreeCommerce noch einmal in Salesforce nachbauen. Wenn Napoleon sich etwas in den Kopf gesetzt hatte, musste es - auch wenn die Sinnhaftigkeit ernstlich in Frage zu stellen war - sofort umgesetzt werden. Beispiele dafür waren der mühevoll aufgebaute Debitorenmanagement-Prozess, den wir erst wenige Wochen zuvor fertiggestellt hatten, sowie die automatisierten E-Mails zur Kundenkommunikation. All das sollte nun in Salesforce völlig neu implementiert werden und natürlich am besten sofort. Die Gesichter der beiden Salesforce-Entwickler wurden - angesichts dieser Anforderungen - mit der Zeit immer länger und von ihrer anfänglichen Lockerheit war nichts mehr zu spüren. Sie waren vielmehr froh, dass sie nach zwei Wochen wieder unser Büro verlassen und die weitere Entwicklung von Polen aus vornehmen konnten. Für mich war die gesamte Situation ein einziges Déjà-vu, war es doch mit DJ genauso abgelaufen.

Napoleon kam zusätzlich noch auf die Idee, auch die Inventarverwaltung in Salesforce zu integrieren. Damit musste ich die mühsam für SpreeCommerce gebaute Lösung nun endgültig verwerfen. Wenigstens waren mittlerweile alle Fehler im Google Sheet bereinigt, sodass es auch für einen Import in Salesforce verwendet werden konnte. Aber da war ja auch noch unser Logistik Outsourcing Projekt, in dem es eine eigene Inventarverwaltung mit dem Tool Shipedge geben sollte. Ende Januar schien der erste Teil des Projektes - die Abwicklung der Bestelleingänge - zu funktionieren. Ich führte einige Testbestellungen mit dem dortigen Team durch und verschickte danach die ersten Kunden-Pakete. Nachdem DJ kurz zuvor gekündigt wurde, verzögerte sich der Start immer weiter. Napoleon hatte DJ tatsächlich kurzerhand gefeuert. Trotz unseres schwierigen Starts, arbeiteten wir am Ende gut zusammen und ich bedauerte daher sein Ausscheiden. Meiner Ansicht nach bekam DJ nie eine echte Chance, das Logistik-Chaos aufzulösen. Dazu war der ständige Druck Napoleons einfach viel zu hoch. Auch auf Seiten des Logistik-Anbieters lagen die Nerven bereits blank und ich traute mich erst gar nicht, die Verantwortlichen von der Kündigung DJs in Kenntnis zu setzen. Diese bereuten sicher bereits, sich auf eine Zusammenarbeit mit uns eingelassen zu haben. Der Release-Termin für das Projekt musste bereits einige Male nach hinten verschoben werden, weil wir unsere Arbeit nicht gemacht hatten. Zwar hatten wir ziemlich schnell Ersatz für DJ gefunden, bis dieser aber auf Kurs war, dauerte es seine Zeit. Bis zu diesem Zeitpunkt wussten die Salesforce-Entwickler noch nichts von unserem parallel laufenden Logistik Outsourcing Projekt. Wie sollte nun eine vernünftig funktionierende Logistiklösung mit zwei Inventarverwaltungssystemen – nämlich Shipedge und Salesforce - aussehen? Sollte eine Synchronisation zwischen den beiden Systemen stattfinden - und wenn ja - wie? Es gab eine Menge offener Fragen, auf die niemand eine Antwort parat hatte. Da ich später die Salesforce-Entwicklung übernehmen sollte, würde ich mich noch mit diesem Chaos auseinandersetzen müssen.

Krankheit

Mittwoch, 03.02.2016

Schon während der letzten Monate hatte ich immer wieder ein Gefühl von Steifheit in meiner rechten Hand bemerkt. Nachdem es Winter war, schob ich die Beschwerden erst einmal auf den Wechsel vom Kalten ins Warme und dachte mir nichts weiter dabei. Durch den ständigen Stress und Druck, dem ich in der Arbeit ausgesetzt war, verdrängte ich das Thema und schob einen etwaigen Arztbesuch nach hinten. Als sich die Beschwerden nach einigen Monaten noch immer nicht gebessert hatten, bekam ich erste Zweifel, ob wirklich nur die Kälte daran schuld sein konnte. Um die Ursache des Steifheitsgefühls in meiner rechten Hand nun endlich klären zu lassen, suchte ich einen Orthopäden auf. Da dieser nach diversen Untersuchungen inklusive eines Röntgens nichts feststellen konnte, überwies er mich weiter an einen Neurologen. Nun fing ich an, darüber nachzudenken, welche neurologischen Ursachen für meine motorische Einschränkung verantwortlich sein könnten. Obwohl mir bewusst war, dass es nicht ratsam war Dr. Google zu befragen, konnte ich es mir nicht verkneifen, trotzdem eine Internet-Recherche zu starten. Dabei stieß ich auf einige mögliche schwere Erkrankungen. Genaueres ließ sich aber nicht herausfinden und wäre ohnehin nur reine Spekulation gewesen. Langsam dämmerte mir, dass es wirklich etwas Ernstes sein könnte und ich setzte alles daran, möglichst kurzfristig einen Neurologen konsultieren zu können. Ich telefonierte unzählige Ärzte ab, bis ich schließlich einen gefunden hatte, der die Dringlichkeit erkannte und mir für den darauffolgenden Montag einen Termin anbot.

Der Neurologe war sich schon beim ersten Termin nach wenigen Untersuchungen ziemlich sicher und stellte die vorläufige Diagnose: Verdacht auf Hirntumor. Ich war geschockt und konnte noch gar nicht realisieren, was diese Aussage eigentlich bedeutete. Um Gewissheit zu erlangen, vereinbarte der Arzt sofort für den nächsten Tag einen MRT-Termin für mich. Spätestens als er mir auch noch seine Handynummer gab und mir anbot, ihn am Abend nach dem MRT noch anzurufen, wusste ich, dass ich allen Grund hatte, mir ernsthafte Sorgen zu machen. Nach einer unruhigen Nacht mit Unsicherheit und vielen offenen Fragen, sollte der MRT-Termin nun Gewissheit bringen. Eine Stunde nachdem ich in die enge **Röhre geschoben wurde,** hatte mein Neurologe die Bilder bereits erhalten und konnte eine erste Aussage machen. Das

Ergebnis war eindeutig. Am Telefon teilte er mir mit, dass sich der Verdacht auf Gehirntumor leider bestätigt hätte. Verdammt! Meine schlimmste Befürchtung war Wirklichkeit geworden. Von jetzt an ging alles Schlag auf Schlag.

Für den nächsten Morgen bekam ich sofort einen Termin in der Tumorsprechstunde der Charité. Ich erfuhr, dass es sich der Tumor bereits mehrere Jahre in meinem Kopf gemütlich gemacht hatte und dabei immer weiter gewachsen war. Das Ergebnis sah so aus, dass ich bald operiert werden musste. Gemeinsam mit der Ärztin wurden die nächsten Schritte geplant und ein Termin für die Operation fixiert. Nach dem Termin ging ich sofort wieder ins Büro und informierte Napoleon und Pinky über meinen Gesundheitszustand und die bevorstehende OP. Da ich, im Gegensatz zu Napoleon, schon immer Wert auf Offenheit und Transparenz gelegt hatte, wollte ich mit offenen Karten spielen. Schließlich lag mir - trotz der Erlebnisse der letzten Monate - immer noch viel an unserem Startup und daran, dass es Erfolg hatte. Rückwirkend betrachtet, hätte ich am Arbeitsplatz niemals so offen über meinen Gesundheitszustand sprechen dürfen. Zu diesem Zeitpunkt saß mir aber der Schock der Diagnose noch so stark in den Knochen, dass ich nicht in der Lage war, das zu erkennen.

Sonntag, 14.02.2016
Nach der Offenlegung meines Gesundheitszustandes gegenüber Napoleon, kamen am folgenden Wochenende doch erste Zweifel in mir hoch, ob dieser Schritt richtig gewesen war. Würde Napoleon wirklich so skrupellos sein, mich aufgrund meiner Krankheit zu kündigen? Eigentlich konnte ich mir das kaum vorstellen. Andererseits hatte er in der Vergangenheit niemals Rücksicht auf andere Menschen genommen. Warum sollte das in meinem Fall plötzlich anders sein? Kurzerhand entschloss ich mich, mir noch eine Berufsrechtsschutzversicherung zuzulegen. Sicher ist sicher, dachte ich mir. Eine passende Versicherung mit möglichst raschem Versicherungsschutz zu finden, stellte sich jedoch als schwieriges Unterfangen heraus. Die meisten Versicherungen haben eine Wartezeit von 3 Monaten nach Abschluss. Erst danach tritt der Versicherungsschutz in Kraft. Schließlich fand ich eine passende Versicherung mit nur einem Monat Wartezeit und schloss sofort den Vertrag ab. Mit der Zahlung der Jahresgebühr hatte ich somit ab dem 14.03.2016 eine gültige berufliche Rechtsschutzversicherung.

Die letzten Tage vor der Operation verbrachte ich im Büro und übergab meine Tätigkeiten, so gut es ging, an die Kollegen. Donnerstag der 18 Februar. war mein letzter Arbeitstag bevor die OP-Vorbereitung beginnen sollte und ich verabschiedete mich noch von allen Teammitgliedern. Einen Zeitpunkt für meine Rückkehr konnte ich noch nicht nennen, da ich selbst nicht genau wusste, was in den nächsten Tagen und Wochen auf mich zukommen würde. Zum Abschied sagte Napoleon noch zu mir, dass wir uns in zwei Wochen wiedersehen würden. Darauf konnte ich nur lächelnd erwidern, dass das wohl so nicht klappen wird. Scheinbar hatte Napoleon bislang nicht realisiert, was so eine Gehirnoperation eigentlich bedeutete. Am nächsten Tag fanden die letzten Voruntersuchungen für die in wenigen Tagen stattfindende Operation statt. Das bedeutete ein weiteres MRT[52], PET[53], Narkosegespräch sowie die OP-Besprechung. Alles Dinge, mit denen ich noch nie konfrontiert worden war.

Montag, 22.02.2016
Der Tag X war angebrochen. Frühmorgens wurde ich im Krankenhaus aufgenommen und sollte laut Plan gleich zur OP-Vorbereitung gebracht werden. Aufgrund von Verzögerungen im OP-Plan verschob sich mein Termin jedoch immer weiter nach hinten. Am späten Nachmittag bekam ich dann die Information, dass meine Operation, aufgrund einer kurzfristigen Not-OP, auf den nächsten Morgen verschoben werden musste. Ich sollte dann aber gleich der erste auf der Liste sein. Die lange Wartezeit am Vortag und die ständige Anspannung hatten mich stark mitgenommen und ich hoffte nun, dass es beim zweiten Anlauf klappen würde und tatsächlich ging es dann am frühen Nachmittag los. Obwohl ich noch gar nicht richtig begriffen hatte, was in den letzten beiden Wochen alles passiert war, wollte ich den Eingriff einfach nur hinter mich bringen.

Zum Glück ist die Operation nach Plan verlaufen und es tauchten keine Komplikationen auf. Vier Tage nach dem großen Eingriff durfte ich das Krankenhaus wieder verlassen. Noch nicht in der Lage, mich selbst zu versorgen, hatte ich zum Glück meine Freundin, die sich die nächsten Wochen um mich kümmerte. Nach den Tagen im Krankenbett stand nun ein täglicher Spaziergang auf dem Plan, um meinen Kreislauf wieder in Schwung zu bringen. In der Woche nach der Entlassung aus dem Krankenhaus suchte ich meinen Neurologen auf, der die Nachbehandlung begleiten sollte. Dieser schrieb mich erst einmal bis

Ende März krank und ich schickte sofort die Arbeitsunfähigkeitsbescheinigung als eingeschriebenen Brief an Napoleon.

Mittwoch, 16.03.2016

Obwohl ich darauf hätte vorbereitet sein müssen, war ich doch schockiert und sprachlos, als ich Napoleons Kündigung per E-Mail erhielt - und das nur drei Wochen nach meiner Gehirnoperation. Der Inhalt seiner Nachricht besagte, dass die IT-Zukunft des Unternehmens ohne mich stattfinden werde und ich zum 31.03.2016 gekündigt sei. Ich solle mich erst einmal ordentlich von der Operation erholen. Napoleon schrieb des Weiteren, dass er versuchen würde, mir ein Equity Optionen Paket anzubieten. Im ersten Moment konnte ich kaum fassen, was ich gerade gelesen hatte. Napoleon hatte es tatsächlich gewagt, mich zu kündigen, obwohl ich das Startup von Beginn an mit aufgebaut hatte. Meine Probezeit, die mir schon gegen den Strich gegangen war, lief noch bis zum 31.03.2016 und nun sollte ich nicht einmal diese überstehen. Und was meinte Napoleon damit, er würde „versuchen mir ein Equity Optionen Paket anzubieten". Viel schwammiger hätte er diesen Satz nicht mehr formulieren können. Als CEO des Unternehmens wäre Napoleon ohne Probleme in der Lage gewesen, mir ein vernünftiges Angebot zu machen. Ich hätte es wahrscheinlich in diesem Moment sogar angenommen. Stattdessen aber versuchte er, mich mit wagen Versprechungen abzuspeisen und meinte noch, dass es so für alle das Beste sei und wir gerne später quatschen könnten.

Nachdem ich den ersten Schock verdaut hatte, kontaktierte ich sofort meinen Anwalt. Hoffentlich war da noch etwas zu retten. Die kürzlich abgeschlossene Rechtsschutzversicherung sollte sich nun bereits auszahlen, denn der Versicherungsschutz war zum Glück seit dem 14.03.2016 aktiv. Mein Rechtsanwalt riet mir zunächst einmal abzuwarten, ob ich noch eine schriftliche Kündigung erhalten würde. Die alleinige Kündigung per E-Mail sei nämlich nicht rechtswirksam. Sollte die schriftliche Kündigung nicht bis zum 31.03.2016 bei mir eintreffen, wäre das ganze Schreiben ungültig. In meinem Arbeitsvertrag war nämlich genau festgehalten, dass eine Kündigung schriftlich zu erfolgen habe. Gegen ein Gespräch mit Napoleon hatte mein Anwalt nichts einzuwenden, ich sollte ihn nur nicht auf die fehlende Rechtsgültigkeit seiner - per E-Mail versendeten - Kündigung aufmerksam machen. Nachdem ich - einige Tage später - Napoleons E-Mail verdaut hatte, antwortete ich auf seine Nachricht und wir vereinbarten ein Treffen. Mein Gesundheitszustand war, so kurze Zeit nach der Operation, noch alles andere als optimal und ich war recht wackelig auf den Beinen. Für ein kurzes Gespräch mit Napoleon sollte es aber reichen, zumal mir Bewegung und frische Luft ausdrücklich von den Ärzten empfohlen worden waren.

Eine Woche später fand unser vereinbartes Treffen in einem Konferenzraum im Coworking Space statt. An das genaue Datum kann ich mich nicht mehr erinnern, sehr wohl aber an Napoleons Aussagen in diesem etwas mehr als 30-minütigen Gespräch. Auf den Punkt gebracht, stellte er mir ein Ultimatum, das wie folgt lautete: Wenn ich zum 01.04.2016 wieder voll einsatzfähig sei, könne ich weiter im Unternehmen arbeiten und die Kündigung sei obsolet. Napoleon machte mir unmissverständlich klar, dass er ab diesem Zeitpunkt 100% Leistung von mir erwarten würde. Wie konnte er vier Wochen nach einer so schweren OP eine derartige Ansage machen? Seine Forderung kam mir vor wie ein verfrühter Aprilscherz, ich ließ mir aber nach außen hin nichts anmerken. Völlig fassungslos machte mich auch Napoleons Aussage zum eigentlichen Kündigungsgrund. Er meinte, dass er mich „nur" vorsorglich gekündigt habe, für den Fall, dass ich nicht schnell genug wieder fit sei. Da war sogar mein erfahrener Anwalt sprachlos. Derartige Praktiken waren selbst ihm neu.

Die Klage

Meine innere Anspannung war in den letzten Tagen immer mehr
gestiegen und die Aufregung erreichte ihren Höhepunkt. Das Ende
meiner Probezeit war vorüber und ich hatte noch immer keine schriftliche
Kündigung per Post erhalten. Nun konnte Napoleon mich nicht mehr
einfach so abservieren. Gleich am Morgen teilte ich Napoleon in einer E-
Mail mit, dass seine Kündigung unwirksam sei. Finanziell sollte dieser
Umstand für ihn ohnehin kein großes Problem darstellen, da die
Krankenversicherung nach sechs Wochen durchgehenden
Krankenstandes, die Gehaltszahlung in Form von Krankengeld
übernimmt. Nachdem bereits fast fünf Wochen um waren, hätte das
Unternehmen nur noch eine Woche selbst für mein Gehalt aufkommen
müssen. Prompt kam Napoleons Antwort retour, dass ich die Kündigung
sehr wohl per Post erhalten hätte und diese wirksam sei. Er gab mir noch
den „wohlwollenden" Tipp, ich solle mich einfach arbeitslos melden und
wir würden wieder sprechen, wenn alles vorbei sei. Netter Versuch, mich
so abspeisen zu wollen. Jura hatte ich zwar nicht studiert, mir war aber
wohl bekannt, dass es bei Kündigungen bestimmte zeitliche Fristen
einzuhalten gibt, innerhalb derer man rechtlich dagegen vorgehen kann.
Versäumt man diese, hat man keinerlei Chance mehr, auf gerichtlichem
Wege zu seinem Recht zu gelangen. Zu gerne würde ich erfahren, ob
Napoleon mich wirklich für dumm genug gehalten hatte, auf solche
billigen Tricks hereinzufallen.

Folgerichtig konsultierte ich sofort meinen Anwalt und wir beschlossen,
noch am selben Tag eine Klage beim Arbeitsgericht Berlin einzureichen.
Der Inhalt war sehr kurz gefasst und besagte im Wesentlichen, dass die
Kündigung vom 16.03.2016 nichtig sei, da sie nicht dem
Schriftformerfordernis des § 623 BGB[54] entspräche. Damit hatten wir
erst einmal fristgerecht und offiziell die Klage eingereicht. Da die
Anwaltskosten am Arbeitsgericht - unabhängig vom Verfahrensausgang -
von jeder Partei selbst zu tragen sind, war mein persönliches Risiko gleich
Null. Durch den Abschluss meiner Berufsrechtsschutzversicherung
wurden die Kosten meines juristischen Beistands fast komplett
übernommen und ich war auf der sicheren Seite. Ein Grund für den
drastischen Schritt einer Klage bestand sicher darin, Napoleon wenigstens
einmal seine Grenzen aufzuzeigen. Während unserer gesamten

Zusammenarbeit führte er sich auf, als wäre er der Größte und könne mit allen anderen umspringen, wie es ihm gerade in den Kram passte. Hätte ich diese Gelegenheit nicht dazu genutzt, aufzustehen und ihm aufzuzeigen, welche Folgen sein Handeln haben kann, würde Napoleon bestimmt immer so weitermachen. Vielleicht würde er nun seine Lehren daraus ziehen und in Zukunft seine Mitarbeiter nicht mehr wie austauschbare Subjekte oder persönliche Leibeigene behandeln. Dass er nicht über dem Recht steht und sich an Gesetze halten muss, dürfte Napoleon spätestens in dem Moment klar geworden sein, als ihm meine Klage zugestellt wurde. Dennoch fand ich es sehr traurig, zu einem solch extremen Mittel greifen zu müssen, um meine Rechte zu wahren. Ich hätte die Differenzen viel lieber auf eine andere Art und Weise aus der Welt geschafft. Mein Ziel war doch „nur", das zu bekommen, was mir zustand. Doch das würde ich nur durch Zwang von Napoleon erhalten.

Nun fragte ich mich, wie dem genialen Napoleon ein so schwerwiegender Fehler unterlaufen konnte. Dafür gab es nur zwei Erklärungen. Entweder hatte er wirklich vergessen, die Kündigung auf dem Postweg zu versenden, oder aber er hatte diese an meine alte Adresse geschickt. Bereits im Mai 2015 zog ich ja mit meiner Freundin um und gab - im Zuge der Unterzeichnung meines Arbeitsvertrages im Oktober 2015 - die neue Adresse in der externen Personalverrechnung bekannt. Gut vorstellbar, dass Napoleon niemanden über meine Kündigung informiert und das Schreiben in seiner üblichen impulsiven Art einfach selbst an meine alte Adresse gesendet hatte. Eigentlich hätte er sich an meinen Umzug noch erinnern müssen, da er sich damals so darüber aufregte, dass ich diesen unter der Woche durchführte. Aber um sich ein solches Detail zu merken, interessierte sich Napoleon viel zu wenig für seine Mitmenschen und sollte sich deshalb nicht über die Konsequenzen wundern. Vielleicht war der Rausschmiss auch eine der Spontan-Aktionen, die ich des öfteren bei ihm erlebte und er hatte einfach vergessen, meine Adresse bei der ausgelagerten Personalverrechnung nachzufragen. Napoleons übliche Verhaltensweisen, über die ich mich schon oft geärgert hatte, waren in dieser Situation ein Glücksfall für mich. Was die Adressthematik anbelangte, war ich auf der sicheren Seite. Alle Gehaltsabrechnungen waren an meine aktuelle Adresse gerichtet und konnten im Notfall vor Gericht als Beweis vorgelegt werden. Im Vergleich zu meinen ernsten gesundheitlichen Problemen, war der Rechtsstreit mit Napoleon immerhin eine willkommene Ablenkung.

Freitag, 22.04.2016
An diesem Tag befand sich schließlich die schriftliche Kündigung meines Arbeitsverhältnisses in meinem Postkasten. Der Brief wurde durch einen Boten zugestellt. Napoleon hatte mich also endlich ernst genommen und seinerseits einen Juristen hinzugezogen. Nachdem er zuvor nicht mit einer Klage gerechnet hatte, genoss ich nun seine volle Aufmerksamkeit. Das Schreiben enthielt eine ordentliche Kündigung zum 20.05.2016.

Samstag, 30.04.2016
Bis auf die schriftliche Kündigung per Boten, hatte ich seit dem 01.04. nichts mehr von Napoleon gehört. Umso überraschter war ich, an jenem Samstagmorgen eine E-Mail in meinem Postfach vorzufinden, gesendet um 05:05 morgens. Da hatte Napoleon wohl wieder einmal die Nacht durchgearbeitet und kam im frühmorgendlichen Wahn auf die Idee, sich bei mir zu melden. Die Nachricht war kurz und besagte im Wesentlichen, dass mir das ganze Team gute Besserung wünsche, er sich über die Klage aber sehr gewundert habe. Napoleon fragte mich doch allen Ernstes in dieser E-Mail, ob dieser Schritt wirklich nötig gewesen wäre. Tatsächlich stellte die Klage aber meine einzige Möglichkeit dar, nicht mit leeren Händen aus der Sache herauszugehen. Freiwillig hätte Napoleon mir nicht einen einzigen Cent zugestanden. Menschliches Entgegenkommen entsprach nämlich nicht seinem Naturell. Reagiert habe ich auf diese E-Mail selbstverständlich nicht, da ich vom Zeitpunkt der Klage an nur mehr über meinen Anwalt mit dem Startup kommunizierte.

Nun galt es, eine Strategie für unser weiteres Vorgehen zu fixieren. Dazu hatte ich ein längeres Gespräch mit meinem Anwalt, in dem er den Vorschlag machte, die Klage zu erweitern, um alle Ansprüche auf einmal geltend machen zu können. Zunächst wollten wir auch die postalisch korrekt zugestellte zweite Kündigung vom 22.04.2016 anfechten. Sind nämlich mehr als 10 Mitarbeiter zum Kündigungszeitpunkt in einem Unternehmen beschäftigt, tritt ein Kündigungsschutz – der allerdings nicht für die Probezeit gilt - in Kraft. Das Unternehmen ist dann per Definition nicht mehr als Kleinstbetrieb einzustufen und muss einen triftigen Grund - wie beispielsweise mehrmaliges Fehlverhalten - für eine Kündigung vorweisen. Unter der Annahme, dass die erste Kündigung vom 16.03.2016 ungültig war und das Unternehmen zum Zeitpunkt der zweiten Kündigung am 22.04. bereits über 10 Mitarbeiter beschäftigte, würde also der Kündigungsschutz wirksam werden. Mein Anwalt gab mir also die Hausaufgabe mit auf den Weg, eine Liste aller Mitarbeiter zu erstellen, die zum Zeitpunkt meiner zweiten Kündigung im Unternehmen beschäftigt waren. Was sich auf den ersten Blick recht einfach anhören mag, stellte in diesem Startup eine knifflige Angelegenheit dar. Durch Napoleons „Hire and Fire" Personalpolitik herrschte ein ständiges Kommen und Gehen. Einige Kollegen waren erst ein paar Tage da, schon waren sie wieder verschwunden. Da hatte ich den Überblick längst verloren. Für unsere Liste zählten darüber hinaus nur fest angestellte Kollegen in Vollzeit als 1 Mitarbeiter, Halbtagskräfte dagegen nur die Hälfte. Freelancer und Praktikanten duften erst gar nicht in der Berechnung berücksichtigt werden. Nach einer Weile hatte ich es geschafft, eine erste Liste zu erstellen, die - inklusive der als Praktikanten bezeichneten Kollegen - ganze 17 Personen umfasste. Bei vielen Teammitgliedern war ich nicht sicher, ob sie fest angestellt waren oder überhaupt in einem Beschäftigungsverhältnis mit unserem Startup standen. Ganz zu schweigen davon, dass ich keinen Überblick darüber hatte, welche Mitarbeiter in meiner Abwesenheit gegangen und gekommen waren. Es waren also sehr viele Wackelkandidaten auf dieser Liste und ich war mir nur bei sechs Kollegen zu 100% sicher, musste aber die „magische Zahl" von 10,5 Mitarbeitern erreichen. Wie ich meinem Anwalt schon zu Beginn gesagt hatte, würde es verdammt knapp werden.

Außerdem hatte ich die Aufgabe, einen Zeugen zu finden, der bestätigen konnte, dass ich von Mai bis September 2015 für das Unternehmen gearbeitete hatte. Für diesen Zeitraum konnte ich ja außer dem E-Mail-Verkehr mit Napoleon von Anfang Mai 2015 nichts Schriftliches vorweisen, da ich ohne Arbeitsvertrag und Bezahlung tätig war. Ein Freelancer der zur gleichen Zeit im Coworking Space gearbeitet hatte, konnte sich noch an mich erinnern und wollte sogar vor Gericht bezeugen, dass ich von Mai bis September für Napoleon tätig gewesen war. Zum Glück konnten wir uns am Anfang noch kein eigenes Büro leisten, sonst hätte ich wohl nie einen Zeugen außerhalb meines Teams gefunden. Während meiner „Detektivarbeit" fiel mir auch das Investorengespräch wieder ein, zu dem ich Napoleon Anfang Juni 2015 begleitet hatte. Der Investor wollte wissen, wie viele Anteile ich am Unternehmen erhalten sollte. Somit war dieses Gespräch die einzige Situation, in der Napoleon vor Dritten über meine Anteile gesprochen hatte. Als ich den Investor kontaktierte, konnte dieser sich zwar an unser Startup erinnern, leider aber nicht mehr an die besprochenen Details. Zu schade - meinen Anspruch auf Unternehmensanteile mit einem Zeugen zu untermauern fiel somit flach. Trotz dieses kleinen Rückschlags machte mir die Recherchearbeit Spaß. Ich hatte ja auch die nötige Zeit für solche Aktionen.

Nachdem wir so viele Informationen wie möglich gesammelt hatten, mussten wir nun auf dieser Basis entscheiden, wie unsere maximale Forderung für die erweiterte Klage lauten sollte. Kein leichtes Unterfangen bei den vielen Unsicherheitsfaktoren in diesem Fall. Natürlich sollte das Ziel sein, so viel wie möglich für mich herauszuholen, gleichzeitig wollte ich am Ende auch nicht mit leeren Händen dastehen. Also entschloss ich mich, auf alle Fälle mein Gehalt für den Monat April 2016 einzufordern. Darüber hinaus erhob ich Anspruch auf 0,5% der Anteile, die mir lt. E-Mail-Verkehr mit Napoleon für meine Arbeit von Mai bis September 2015 zustanden. Zu guter Letzt wollte ich noch ein Gehalt für diesen Zeitraum von € 3.333,33 monatlich, das sich aus dem Jahresgehalt von € 40.000,- ergibt, geltend zu machen. Mein Anwalt wies mich noch einmal darauf hin, dass er einen Erfolg nicht garantieren könne, es aber allemal einen Versuch wert sei. Mit meiner Zustimmung reichte er dann die erweiterte Klage beim Arbeitsgericht ein.

Freitag, 13.05.2016
Ich hatte Post vom Gericht bekommen. Mit Spannung öffnete ich das Schreiben und traute meinen Augen kaum, was ich da las. Der Termin zur Verhandlung meines Falles beim Amtsgericht war für den 30. November 2016 angesetzt. Ganze acht Monate nach erstmaliger Einreichung der Klage! Natürlich hatte ich mit einer gewissen Wartezeit gerechnet, aber dass sich die Entscheidung so lange hinziehen würde, gefiel mir gar nicht. Aus der Ladung vor das Amtsgericht ging außerdem hervor, dass ich am Verhandlungtag persönlich erscheinen musste. Das konnte mir nur recht sein, denn somit musste Napoleon wohl auch erscheinen. Die nächsten Wochen verliefen zum Thema Klage dann erst einmal ruhig.

Donnerstag, 23.06.2016
An diesem Tag reagierte der Anwalt der Gegenseite mit einem Vergleichsangebot auf die erweiterte Klage. Mir wurden 0,125 % an Unternehmensanteilen angeboten. Außerdem schickte mir Napoleons Anwalt endlich das ominöse Options-Partizipationsprogramm zu, von dessen tatsächlicher Existenz ich bisher nicht überzeugt gewesen war. Angaben zur Mitarbeiteranzahl zum Zeitpunkt meiner Kündigung wollte die Gegenseite allerdings keine machen. Aufgrund dieser Blockade gingen

bei meinem Anwalt und mir sofort die Warnlampen an. Sollte etwa unter den Tisch fallen, dass die Grenze von 10 Mitarbeitern tatsächlich überschritten worden war? So oder so. Das Angebot von 0,125 % an einem Startup, dessen Erfolg noch völlig ungewiss ist, war lächerlich niedrig und ich hatte keine Sekunde vor, es tatsächlich anzunehmen.

Mittwoch, 10.08.2016
Nachdem ich den Vergleich abgelehnt hatte, war Napoleon wieder am Drücker. Da sein Anwalt erkrankt war und bei Gericht eine Fristverlängerung beantragt hatte, traf die Klageerwiderung der Gegenseite erst im August bei mir ein. Darin wurde nochmals aufgeführt, dass Napoleon die schriftliche Kündigung am 18.03.2016 an mich versandt habe, diese aber als Unzustellbar zurückkam. Keine große Überraschung für mich, da ich bereits 10 Monate zuvor umgezogen war. Jetzt hatte ich es schwarz auf weiß. Napoleon hatte das Kündigungsschreiben tatsächlich an meine alte Adresse geschickt und beschuldigte nun mich, die Meldung der Adressänderung an den Arbeitgeber versäumt zu haben. Meine Adresse änderte sich aber bereits lange vor der Unterzeichnung des Arbeitsvertrages und konnte durch meine Gehaltsabrechnungen belegt werden. Die Anschuldigung war somit haltlos und er war einfach zu blöd gewesen, die richtige Anschrift zu verwenden. Wenn Napoleon nur einmal mit der externen Personalverrechnung Rücksprache gehalten hätte, wäre dieser Irrtum schnell aufzuklären gewesen. Wie wohl seine Reaktion aussah, als er merkte, dass sein Adress-Irrtum mir eine Klage überhaupt erst ermöglicht hatte?

Die Erwiderung der Klage war ganze acht Seiten lang und wies alle von mir gestellten Forderungen zurück. In Bezug auf Geschäftsanteile wollte Napoleon mir auch keinerlei Zugeständnisse machen, da die Zusage aus den E-Mails nicht notariell beglaubigt war, die Formulierung in der E-Mail das Wort „versucht" enthielt und es sich somit nicht um ein annahmefähiges Angebot handelte. Wenn Napoleon es auf eine Verhandlung ankommen lassen wollte – ich war gerüstet!

Eine knappe Woche später, am 16.08.2016, ließ mein Anwalt mir ein weiteres Schreiben vom Rechtsvertreter der Gegenseite zukommen. Als ich den Betreff las, fiel ich, aufgrund von Napoleons Unverfrorenheit, fast vom Hocker. Dieser lautete „Geltendmachung von Schadensersatzansprüchen und außerordentliche Kündigung". War er wirklich bereit, soweit zu gehen, fragte ich mich. Eigentlich hatte ich aber damit rechnen müssen, dass er alles versuchen würde, mich irgendwie einzuschüchtern. In diesem Schreiben wurde Anspruch auf Schadensersatz gegen mich geltend gemacht, auf Basis dessen ich erneut vorsorglich, aber dieses Mal außerordentlich, fristlos und mit sofortiger Wirkung gekündigt werden sollte. Falls sich die beiden Kündigungen vom März und April als unwirksam herausstellen sollten, wollte Napoleon sichergehen, dass ich spätestens ab sofort nicht mehr Teil des Unternehmens sein würde. Eine Umgehung des Kündigungsschutzes wäre aber nur möglich, wenn ich mir tatsächlich etwas zu Schulden kommen lassen hätte. Napoleon beschuldigte mich, das Bürgel Scoring System zur Feststellung der Bonität von Kunden, grob fehlerhaft implementiert zu haben. Es wären noch Inkassoverfahren im Bereich eines hohen fünfstelligen Betrages offen und es könnten noch höhere Schadenssummen fällig werden, die zum jetzigen Zeitpunkt noch nicht genau beziffert werden könnten, wurde mir im Schreiben mitgeteilt. Das Scoring System funktionierte nach einem einfachen Prinzip. Bei jeder Bestellung wurde die vom Kunden angegebene Adresse mit der Datenbank von Bürgel abgeglichen und eine Bewertung zurückgeschickt, allerdings nur dann, wenn diese Bürgel auch bekannt war. Andernfalls existierte keine Grundlage für eine Bonitätsbewertung.

Obwohl ich ziemlich sicher war, dass ich mir nichts zuschulden kommen lassen hatte, beschleunigte sich mein Puls kurzzeitig. Um die Anschuldigungen sofort zu widerlegen, prüfte ich nochmals den Programmcode im Versionierungssystem. Der Stand bis zum Beginn meines Krankenstandes war ja noch lokal auf meinem Laptop gespeichert, mit dem ich bis zum Schluss gearbeitet hatte. Hier hatte mir Napoleons Geiz in die Hände gespielt. Hätte er sein Team zuvor mit anständigen Computern ausgestattet, könnte ich nun nicht mehr genau nachvollziehen, wer zu welchem Zeitpunkt welche Änderungen im Code vorgenommen hatte. Nachdem ich die Daten noch einmal geprüft hatte, konnte ich erleichtert aufatmen. Ich hatte mir tatsächlich nichts vorzuwerfen und der Sachverhalt stellte sich wie folgt dar: Das Bürgel Scoring System wurde von dem ägyptischen Unternehmen implementiert, das zeitweise für uns tätig war. Ich selbst hatte keinerlei Änderungen daran vorgenommen, die zu einem Schaden führen hätten könnten. Dank des zugrunde liegenden Versionierungssystems, konnte ich diese Tatsache schwarz auf weiß belegen. Nicht im Traum dachte ich daran, meine Klage wieder zurückzuziehen. Wenn Napoleon schon zu solchen Mitteln greifen musste, schien er die Hose gestrichen voll zu haben. Gemeinsam mit meinem Anwalt beschloss ich, gegen die außerordentliche Kündigung vorzugehen und mich auf eine eventuelle Gegenklage bezüglich der Geltendmachung der Schadensersatzansprüche vorzubereiten. Solange diese Klage nicht bei Gericht eingereicht würde, solle ich erst einmal abwarten und Tee trinken, riet mein Anwalt. Die Gegenseite müsste danach erst einmal beweisen, dass ich grob fahrlässig gehandelt hätte und es stünde Aussage gegen Aussage.

Auf der Suche nach dem Motiv hinter Napoleons Anschuldigungen fragte ich mich, ob er mich für das nicht Funktionieren des Geschäftsmodells verantwortlich machen wollte. Die schlechte Zahlungsmoral unserer Kunden war von Beginn an ein großes Problem. War das der Knackpunkt? Zogen wir einfach die falsche Klientel an? Was auch immer das tatsächliche Problem gewesen sein mag, ich wollte mich auf keinen Fall dafür zum Sündenbock machen lassen. Dem Tag der Gerichtsverhandlung blickte ich immer noch mit Gelassenheit entgegen. So gut wie ich Napoleon mittlerweile kannte, würde er erst einmal abwarten und mir in letzter Sekunde noch ein Vergleichsangebot unterbreiten. Ich konnte mir beim besten Willen nicht vorstellen, dass er wirklich vor Gericht gehen und dort alle Mitarbeiterdaten offen legen wollte. Ein solches Verhalten passte einfach nicht zu dem durch und durch intransparenten Unternehmen, das er gegründet hatte.

Pinkies Abgang
Einige Tage später wurde ich auf LinkedIn darauf aufmerksam, dass Pinky einen neuen Arbeitgeber angegeben hatte. Neugierig geworden, fragte ich einen Ex-Kollegen, der noch im Unternehmen tätig war, was denn vorgefallen sei. Dieser meinte nur, Pinky hätte am 31.08.2016 seinen letzten Arbeitstag im Startup gehabt. Er wusste auch nicht, ob er von sich aus gegangen war oder gekündigt wurde. Hatte Napoleon nach einem Jahr engster Zusammenarbeit doch endlich mitbekommen, wie inkompetent Pinky eigentlich war? Nur zu gern hätte ich die genauen Umstände von Pinkies Ausscheiden aus dem Unternehmen gekannt. Vom Kernteam, das aus Napoleon, Pinky und mir bestanden hatte, war jetzt nur noch Napoleon selbst übrig.

Dienstag, 13.09.2016
Nachdem sein Einschüchterungsversuch mit der Geltendmachung von Schadensersatzansprüchen keine Reaktion bei mir gezeigt hatte, versuchte

Napoleon nun zum zweiten Mal einen Vergleich zu erzielen. Diese Taktik nach dem Motto Zuckerbrot und Peitsche kannte ich ja bereits aus der Vergangenheit. Sein Vergleichsangebot war erneut so lächerlich, dass ich keine Sekunde darüber nachdachte, es ernsthaft in Erwägung zu ziehen. Bis zum Gerichtstermin war ja noch genügend Zeit und ich war gespannt, was Napoleon bis dahin noch aus dem Hut zaubern würde. Nun war wieder einmal abwarten angesagt.

Mittwoch, 16.11.2016
Mitte November kam tatsächlich noch ein drittes Vergleichsangebot hereingeflattert. Nachdem ich bereits wusste, wie in diesem Startup mit Problemen umgegangen wurde, war dieses Angebot auf den letzten Drücker keine Überraschung für mich. Die angebotene Summe war zwar immer noch viel zu niedrig, mein Anwalt riet mir aber, dem Vergleich zuzustimmen. Seiner Einschätzung nach wäre das Risiko, bei Gericht zu verlieren, doch beträchtlich gewesen und ich wäre unter Umständen mit komplett leeren Händen aus dem Verfahren gegangen. Schweren Herzens folgte ich also dem Rat meines Anwalts und stimmte dem Vergleich zu. Letzen Endes musste ich mir auch an die eigene Nase fassen, da ich im Mai 2015 einer so schwammigen Vereinbarung mit Napoleon überhaupt zugestimmt hatte, die sich vor Gericht nicht als sicheres Beweismittel verwenden ließ. Auch ob der Kündigungsschutz in meinem Fall anwendbar gewesen wäre, stand noch in den Sternen. Bis zum Schluss wurde ja von der Gegenseite behauptet, dass niemals mehr als 10,5 Mitarbeiter zeitgleich im Unternehmen gearbeitet hätten. Wäre es zu einer Gerichtsverhandlung gekommen, hätte das Arbeitsverhältnis jedes einzelnen Mitarbeiters zum fraglichen Zeitpunkt genau überprüft werden müssen. All diese Unsicherheitsfaktoren führten schließlich zu meiner Entscheidung. Nichtsdestotrotz kostete es mich enorme Überwindung, diesem sehr niedrigen Vergleichsangebot zuzustimmen und ich hatte noch einige Zeit an meiner Entscheidung zu knabbern. Napoleon in einem Prozess noch einmal gegenüber zu treten, hätte mich doch sehr gereizt. Aber mein Leben musste sich schließlich wieder um andere Dinge drehen und ich wollte mit diesem Startup ein für alle Mal abschließen. Da ich im Zuge des Vergleichs eine Vertraulichkeitserklärung unterzeichnen musste, darf ich keine genauen Angaben über dessen Inhalt machen. Unternehmensanteile habe ich jedenfalls nicht erhalten, worüber ich zu diesem Zeitpunkt schon ganz froh war. Meine Zweifel an deren zukünftigem Wert waren nämlich bereits erheblich.

So endete nun mein Startup-Abenteuer ohne glückliches Ende aber doch mit vielen neuen Erkenntnissen.

Vielen Dank fürs Lesen!

Mittwoch, 07.12.2016, Nachtrag
An diesem Abend traf ich mich mit einem noch im Unternehmen tätigen Ex-Kollegen. Als ich davon berichtete, dass Napoleon mich gefeuert hatte und ich nicht mehr ins Büro zurückkommen würde, war dieser völlig vor den Kopf gestoßen. Mein Ex-Kollege war fest davon überzeugt gewesen, dass ich ins Team zurückkehren würde, sobald ich wieder gesund wäre. Nachdem noch ein Paar meiner Schuhe im Büro standen, die ich anscheinend vergessen hatte, war das für ihn nur logisch. Napoleon hatte es in den acht Monaten meiner Abwesenheit nicht einmal für nötig gehalten, den Kollegen mitzuteilen, dass ich gekündigt worden war.

Epilog

Natürlich habe ich mir oft Gedanken gemacht, warum ich auf Napoleon reingefallen bin. Er kann sich exzellent verkaufen, hat ein professionelles Auftreten gepaart mit überdurchschnittlichen rhetorischen Fähigkeiten und ist in der Lage - zumindest für kurze Zeit - sein wahres Ich und seine vielen Unzulänglichkeiten recht gut zu verstecken. Ein klassischer Blender wie er im Buche steht, der aber nach einiger Zeit entzaubert wird. Als ich ihn durchschaut hatte, war es für mich leider schon zu spät und ich war bereits mitten drin im Startup-Wahnsinn. Nach den bislang missglückten Versuchen, mich selbstständig zu machen, wollte ich endlich auf das richtige Pferd setzen und ein erfolgreiches Startup mitgründen. Den Erfolg kann man aber - vor allem in der Startup-Welt - leider nicht erzwingen.

Die Chemie zwischen Napoleon und mir war von Anfang an nicht die beste und wir waren uns nie wirklich sympathisch. Für ihn war die oberste Priorität, möglichst schnell einen CTO zu finden, der sofort verfügbar war, was in Berlin kein leichtes Unterfangen darstellte. Noch dazu, wenn das Risiko bei nicht existierender Bezahlung und einem unerprobten Geschäftsmodell erheblich ist. Da musste Napoleon erst einmal jemanden finden, der bereit war, sich auf dieses Abenteuer einzulassen. Dabei war es ihm anscheinend egal, dass ich ihm nicht nach dem Mund redete. Die Hauptsache war, dass es mit seinem Startup weiter voranging. Dass unsere Lebenseinstellungen überhaupt nicht kompatibel waren, hatte ich - anstatt auf mein Bauchgefühl zu hören - zu Beginn erfolgreich ignoriert. Dieser Fehler passiert mir bestimmt kein weiteres Mal. Dass meine Meinung für Napoleon überhaupt nicht zählte, führte irgendwann dazu, dass ich mich immer weniger an Diskussionen beteiligte und schlussendlich völlig resignierte. Auch der permanente Druck, den Napoleon auf mich ausübte, bewirkte genau das Gegenteil von dem, was er eigentlich erreichen wollte. Meine Produktivität nahm von Monat zu Monat ab und ich merkte, dass mir die Situation ganz schön an die Substanz ging.

Die Chancen für ein Startup, erfolgreich zu werden und sogar einen Exit hinzulegen, sind nicht besonders hoch und der Erfolg ist von vielen unterschiedlichen Faktoren abhängig. Der größte Erfolgsfaktor für ein junges Unternehmen ist - noch wichtiger als die eigentliche Geschäftsidee

- das Team. Napoleon hatte aber von Beginn an nie die Absicht ein funktionierendes Team aufzubauen. Er brauchte nur Handlanger, die seine Befehle ausführten. Hätte Napoleon sich auf seine Stärken - wie die Suche nach Investoren und Repräsentation des Startups nach außen - konzentriert und die restlichen Mitarbeiter ihr Ding machen lassen, wären wir sicher viel schneller vorangekommen. Als CEO war er absolut ungeeignet, da er weder wusste, wie man mit Mitarbeitern umgeht, noch wie man diese richtig motivieren kann. Im Prinzip hätte er auf die Position verzichten und eine geeignetere Führungsfigur an die Spitze des Unternehmens setzen müssen.

Meine Unerfahrenheit mit Persönlichkeiten wie Napoleon, trug sicher dazu bei, dass ich zu Beginn unterschätzte, mit wem ich es hier zu tun hatte. Bis zu unserem Kennenlernen war mir nicht einmal bewusst gewesen, dass es Menschen mit einem solchen Charakter wirklich gibt. Selbstverständlich habe auch ich Fehler gemacht, das möchte ich auf keinen Fall bestreiten. Viel zu oft habe ich Napoleons schwachsinnige Anordnungen einfach umgesetzt, anstatt mich zu widersetzen. Das muss ich mir wirklich vorwerfen. Mit Pinky als Dritten im Bunde war das aber kein leichtes Unterfangen. Dieser war auf der gleichen Wellenlänge wie Napoleon und stimmte fast immer brav allem zu, was sich dieser einbildete und sofort umgesetzt haben wollte. Wenn ich eine gegenteilige Meinung hatte, stand ich gleich als Bremser da. Dies führte auch dazu, dass Pinky - im Gegensatz zu mir - Napoleons vollstes Vertrauen genoss. Jeder andere im Team merkte sofort, dass mit Pinky nichts anzufangen war - mit Ausnahme von Napoleon. Eine der wenigen Situationen, in denen ich tatsächlich konsequent bei meiner Linie blieb, war beispielsweise die Integration des Facebook-Logins in unseren E-Commerce Shop. Ich hielt es für komplett unsinnig, Zeit dafür aufzuwenden, bevor der Shop überhaupt Online gegangen war und ein erstes Feedback vom Markt vorlag. Im Dezember 2016 - immerhin eineinhalb Jahre nach meiner „Arbeitsverweigerung" - gab es immer noch keinen Login Button für Facebook. Dieses Beispiel ist leider einiges von wenigen, wo ich mich tatsächlich gegen Napoleon durchsetzen konnte.

Auch mit dem Aufbau einer richtigen IT-Abteilung kam ich nicht wirklich voran. Um eine funktionierende IT zu schaffen, gilt es einige Grundregeln zu beachten, die ich bereits an anderer Stelle beschrieben habe. Es muss ein vernünftiger Softwareentwicklungsprozess implementiert werden, der auch sorgfältiges Testen vorsieht. Da

Napoleon fast alle Entscheidungen alleine traf und sich immer wieder in meine Belange einmischte, hatte ich keine Chance, die IT nachhaltig aufzubauen. Rückblickend hätte ich auch viel nachdrücklicher darauf bestehen müssen, einen zweiten fix angestellten Programmierer zu bekommen. Nur mit Freelancern war ein solches Pensum nicht zu bewältigen.

Das Mietmodell – ein Fazit
Werden wir in Zukunft alle Elektronikprodukte nur noch mieten, anstatt sie zu kaufen, ganz wie es Napoleons Vision war? Während meiner Zeit im Startup konnten wir den Beweis für eine solche Entwicklung jedenfalls nicht liefern. Es ist uns nicht gelungen, ein entsprechend hohes Wachstum zu generieren und vom berühmten Hockey Stick-Effekt[55] waren wir weit entfernt. Insgesamt hatten wir große Defizite in der Umsetzungsgeschwindigkeit und waren nicht fokussiert genug auf die entscheidenden Themen. Gründe dafür habe ich in diesem Buch immer wieder aufgezeigt. Schon während meiner Zeit im Startup wurden viel Arbeitszeit und Geld verschwendet, die teilweise in fragwürdige Projekte flossen (siehe Anhang Offene Projekte). Es ist aber durchaus vorstellbar, dass Napoleon mit seiner Überzeugungskraft weitere finanzkräftige Kapitalgeber an Bord holen und auf diese Weise doch noch einen erfolgreichen Exit hinlegen kann. Trotz aller Differenzen, die Napoleon und ich hatten, wünsche ich dem Unternehmen nur das Beste. Dann würde auch ich mit einem gewissen Stolz zurückblicken können und wissen, an dessen Erfolg beteiligt gewesen zu sein.

Reflexion
Das Motiv hinter meinen Gründungsambitionen war von Beginn an immer, frei arbeiten und eigene Ideen und Vorstellungen umsetzen zu können. Was ich stattdessen bekommen habe, war ein Vorgesetzter, der mich ständig einengte und mir keinerlei Entscheidungsspielraum zugestand. Mit der Zeit bekam ich immer mehr das Gefühl, entmündigt zu werden. Ich begann fast schon an mir selbst zu zweifeln, da ich permanent Napoleons Kritik ausgesetzt war. Er ließ mich bei jeder sich bietenden Gelegenheit spüren, dass dies alleine sein Startup war und nicht unser gemeinsames. Rückblickend betrachtet, hätte ich unter diesen Umständen niemals die vier Jahre durchhalten können, die nötig gewesen wären, um vollen Anspruch auf meine Unternehmensanteile zu erhalten. Napoleon hätte es davor bestimmt schon geschafft, mich vollständig in den Wahnsinn zu treiben. Die Monate die ich in diesem Startup

verbracht habe, waren bereits eine extreme psychische Belastung gewesen und ich musste mich ernsthaft fragen, ob ich die besten Jahre meines Lebens für ein solches Unternehmen opfern wollte. Bereits in der Startphase unserer Zusammenarbeit hatte ich immer wieder den Gedanken, einfach aufzuhören. Nachdem mir aber doch sehr viel an diesem Startup lag, konnte ich mich nicht dazu durchringen. Ganz zu schweigen davon, dass ich von Napoleons Idee völlig überzeugt war und bei dieser „Konsum-Revolution" unbedingt dabei sein wollte. Mit einem objektiveren Blick auf das ganze Vorhaben, hätte ich viele Dinge anders gemacht und wäre wohl viel früher ausgestiegen (siehe Anhang Tipps aus meinen Startup-Erfahrungen). Wenn sich das Leben nur noch um die Arbeit dreht, man nicht mehr abschalten kann, die Gedanken nicht mehr zur Ruhe kommen und sich auch private Gespräche nur noch um das eine Thema drehen, spätestens dann sollte man die Reißleine ziehen und sein Leben grundlegend verändern. Als mir schließlich durch die Kündigung die Entscheidung abgenommen wurde, hatte ich - so gesehen - ein Problem weniger.

Anhang

Umgang mit Problemen in Startups

Im Zuge der Entstehung dieses Buches recherchierte ich etwas genauer, was sich über Probleme in Startups in der Literatur findet und stieß dabei recht schnell auf interessante Einsichten. Ben Horowitz schreibt in seinem Buch „The Hard Thing About Hard Things"[56], dass Probleme im Unternehmen immer angesprochen und offen kommuniziert werden sollten. Die Unternehmenskultur sollte ein Klima schaffen, in dem Mitarbeiter dafür belohnt werden, wenn sie Schwierigkeiten zur Sprache bringen, anstatt sie dafür zu bestrafen. Horowitz hält auch die alte Management-Weisheit „Don't bring me a problem without bringing me a solution" für falsch. Wenn ein Ingenieur beispielsweise einen gravierenden Fehler in der Vermarktung des Produktes entdeckt, möchte das Unternehmen wirklich, dass er diesen totschweigt, nur weil er keine Lösung dafür parat hat? Genau diese Situation erlebte ich in unserem Startup am laufenden Band. Sobald es um Design oder andere Themen ging, die nicht unmittelbar in meinem Verantwortungsbereich lagen, wurde mir sofort zu verstehen gegeben, dass ich mich darum nicht zu kümmern brauchte, da ich sowieso keine Ahnung hatte.

Scrum und unser Softwareentwicklungsprozess

Bei Scrum handelt es sich um ein agiles Vorgehensmodell in der Softwareentwicklung. Mein Plan sah vor, wöchentliche Sprints[57] einzuführen. Das sind Arbeitsabschnitte, in welche die Entwicklung aufgeteilt wird. Wie lange ein solcher Abschnitt dauert, kann das Team selbst entscheiden. Normalerweise liegt die Dauer aber zwischen einer und vier Wochen. Vor jedem Sprint findet eine Planung statt, was das Team im folgenden Sprint umsetzen möchte. Sehr wichtig dabei ist, dass während eines Sprints nur an den zuvor vereinbarten Funktionalitäten gearbeitet wird. Die Verantwortlichen müssen also diszipliniert genug sein, dem Team keinerlei Extra-Aufgaben zuzuweisen. Das mag sich zwar im ersten Moment trivial anhören, ist aber immer wieder der erfolgsentscheidende Punkt in Scrum-Teams. Nach Abschluss eines Sprints gibt es in Scrum üblicherweise noch einen Sprint Review[58] sowie eine Retrospektive[59]. Das übergeordnete Ziel ist es, am Ende jedes Sprints eine veröffentlichungsfähige Version der Software zu haben. Scrum kann auch in anderen Bereichen als der Softwareentwicklung sinnvoll eingesetzt werden.

Um die Entwicklung zu beschleunigen, hätte ich mir ein Vorgehen nach Scrum gewünscht. Die Gegebenheiten machten dies aber unmöglich. Schon ein richtiges Scrum-Planning war mit den Freelancern am anderen Ende der Welt undenkbar. Also vereinbarte ich ein abgewandeltes Vorgehensmodell mit Pinky, welchem Napoleon auch zustimmte. Montag bis Freitag sollte an einer vereinbarten neuen Funktionalität gearbeitet werden und zusätzlich jeden Mittwoch und Freitag der aktuelle Entwicklungsstand auf den Testserver hochgeladen werden. So könnte sich jeder aus dem Team den aktuellen Entwicklungsstand ansehen. Damit versuchte ich, auch andere Bereiche - wie das Marketing - mehr in die Entwicklung der Funktionalitäten mit einzubeziehen, die wir gerade für sie umsetzten. Napoleons permanenter Druck auf alle Teammitglieder sorgte allerdings dafür, dass keiner diese Möglichkeit nutzte und mein Versuch kläglich scheiterte. Er selbst ignorierte den Testserver immer noch weitestgehend und testete - wenn überhaupt - neue Funktionen erst wenige Minuten vor dem Release. An den Wochenenden sollten die Tester im neuen Entwicklungsprozess die aktuelle Version auf Fehler prüfen. Wenn keine Bugs gefunden worden waren, sollte die neue Version am Montagvormittag veröffentlicht werden. Für den Fall, dass Korrekturen notwendig sein sollten, würde die neue Version am Montagnachmittag auf den Produktivserver gespielt werden. Ja, es war mir doch tatsächlich nach monatelanger Überzeugungsarbeit gelungen, Napoleon dazu zu bringen, endlich Tester für unsere Software anzuwerben. Diese sollten vor einem Release wenigstens die kritischsten Bugs erkennen. Die beiden Tester arbeiteten - wie könnte es auch anders sein - als Freelancer aus Manila auf den Philippinen. Um vernünftig testen zu können, mussten Sie in sehr kurzer Zeit viel über die Funktionsweise des E-Commerce Shops lernen und den speziellen Bestellabwicklungsprozess im unserem Mietmodell verstehen. Da ich einfach zu wenig Zeit hatte, ihnen alles bis ins kleinste Detail zu erklären, war es wenig verwunderlich, dass die Tester völlig überfordert mit der Situation waren.

Zumindest theoretisch hätte mein Plan bereits einen großen Fortschritt im Vergleich zu unserer unorganisierten Arbeitsweise bedeutet. Im Endeffekt war dieser aber schon im Vorfeld zum Scheitern verurteilt, da

Napoleon die Notwendigkeit eines klar definierten Prozesses nicht sah. Außerdem sabotierte er regelmäßig unseren Prozess, indem er uns ständig Änderungen oder neue Funktionen umsetzten ließ, die für den aktuellen Entwicklungszyklus gar nicht vorgesehen waren. Ein Prozess in dem Disziplin gefragt war, passt nicht zu Napoleons naturell. Ihm schwebte eine völlig gegensätzliche Herangehensweise vor. Sobald er eine Idee hatte, musste diese noch am selben Tag umgesetzt und veröffentlicht werden. Frei nach dem Motto „zuerst handeln, dann denken".

Global Venture Development Manager

In der Stellenausschreibung von Rocket Internet wurde den Bewerbern in Aussicht gestellt, in einem Team mit den besten Leuten, weltweit in hoher Geschwindigkeit Rocket Unternehmen auszurollen und alle drei bis sechs Monate Startups mit neuen Herausforderungen und Geschäftsmodellen kennenzulernen. Man würde tiefe Einblicke in die Geheimnisse von Internet-Startups erhalten und seine Führungsqualitäten unter Beweis stellen können. Für diese scheinbar so bedeutungsvolle Tätigkeit wurden Menschen mit herausragenden Abschlüssen an Eliteuniversitäten gesucht, die bereits erste Berufserfahrungen in herausfordernden Positionen gesammelt hatten. Erfolge in allen Lebensbereichen vorweisen zu können, war ein Muss und die geforderten Fähigkeiten reichten von analytischem und unternehmerischen Denken bis hin zur Leidenschaft für Online-Startups. Auch auf Unabhängigkeit, Flexibilität und Schnelligkeit wurde ebenso viel Wert gelegt, wie auf Gründer-Geist und das Potential, Ziele in einer schnelllebigen Umgebung zu erreichen. Kurz und knapp zusammengefasst, es wurden wahre Übermenschen gesucht.

Offene Projekte

Zum Zeitpunkt meiner Kündigung gab es einige Projekte in der IT, die wir gerade gestartet oder noch nicht abgeschlossen hatten. Einige davon waren wirklich essentiell, andere hätte man erst in einer späteren Phase des Unternehmens angehen sollen und wieder andere waren sinnlos. Hier einige Beispiele:

- ■ **Price Prediction:** Ob es zu diesem so wichtigen Thema noch einmal wirkliche Fortschritte gegeben hat, kann ich leider nicht sagen. Es war auf jeden Fall entscheidend für den Erfolg unseres Geschäftsmodells. Data Scientist Nr. 4 durfte ich im Januar 2016 beim Vorstellungsgespräch noch kennenlernen. Ende April - nach nur einem Monat an Bord - kündigte aber auch dieser Mitarbeiter wieder.

- **Kooperation mit Online-Handel:** Bei einer Kooperation mit einer großen Elektronik-Handelskette sollte es in deren Online-Shop die Option geben, ausgewählte Produkte - anstatt sie zu kaufen - einfach zu mieten. Dabei würde unser Startup im Hintergrund das Produkt für den Kunden kaufen und an diesen verleihen. Die Verhandlungen mit dem Elektronik-Händler waren bereits weit fortgeschritten und ein erster Prototyp befand sich in der Entwicklung. Gespräche zu führen war sicherlich gut, da die Entscheidungsprozesse in großen Unternehmen sehr lang sein können. Bereits mit einem Prototyp zu starten, obwohl die IT mehr als ausgelastet war, hielt ich aber für fragwürdig.

- **Kooperation mit stationärem Handel:** Auch in den Geschäften der Elektronik-Handelskette sollten Kunden vor Ort bestimmte Produkte - anstatt sie zu kaufen - einfach über unser Startup mieten können.

- **Logistik-Outsourcing Projekt:** Wurde das Outsourcing Projekt weiterverfolgt oder hatte sich Napoleon wieder dafür entschieden, alles selbst zu machen? Durch das ewige hin und her wurden viele Ressourcen gebunden. Hier hätte eine raschere Entscheidung getroffen werden müssen. Leider sollte ich nicht mehr mitbekommen, ob und wie sie die Logistik-Problematik schlussendlich in den Griff bekamen.

- **Virtual Reality:** Anfang 2016 war das Thema Virtual Reality (VR) groß im Kommen. Die neuesten VR-Brillen, die bereits kurz vor dem Erscheinen standen, eigneten sich perfekt für das Miet-Modell unseres Online-Shops, denn sie waren neu, noch recht teuer, aber viele wollten sie einmal ausprobieren. Als Napoleon dann Anfang Januar ein Meeting zu diesem Thema einberief, war ich natürlich voll motiviert und dachte, wir würden eine groß angelegte Marketing-Kampagne planen, um in Zukunft VR-Produkte zu verleihen. Doch leider weit gefehlt. Napoleon verlangte stattdessen von mir, unseren Shop VR-tauglich zu machen. Das bedeutet, man sollte sich in unserem Online-Shop mit einer VR-Brille fortbewegen können. Nicht, dass mir ein solches Projekt keinen Spaß gemacht hätte, doch in dieser Phase des Unternehmens einen solchen Vorschlag zu machen, bestärkte in mir immer mehr den Verdacht, dass Napoleon in seiner eigenen Phantasiewelt lebte, denn der Aufwand für die Umsetzung hätte mehrere Monate in Anspruch genommen und wäre nur für eine extrem kleine Zielgruppe interessant gewesen. Ein Paradebeispiel für ein sinnloses Projekt.

Tipps aus meinen Startup-Erfahrungen

- **Die Idee:** Über die eigene Geschäftsidee sollte man schon von Beginn an mit möglichst vielen Menschen sprechen. Jeder hat einen anderen Blickwinkel und kann gute Anregungen von außen geben. Man sollte Ratschläge von Anderen annehmen und es vermeiden, einen Tunnelblick in Bezug auf seine eigene Idee zu entwickeln. Die Angst, dass einem jemand die Idee klauen könnte, ist meist unbegründet. Viele Menschen stehen einer neuen Idee eher skeptisch gegenüber und müssen erst einmal von dieser überzeugt werden.

- **Auswahl der Idee:** Nicht jede Geschäftsidee ist skalierbar und lässt sich zu einem Millionengeschäft ausbauen. Hier kommt es vor allem darauf an, welche Art von Unternehmen man gründen möchte und ob man den richtigen Zeitpunkt dafür ausgewählt hat. Vielleicht ist der Markt jetzt noch nicht reif für eine bestimmte Idee. In ein paar Jahren kann die Situation aber eine ganz andere sein und man kann damit voll durchstarten.

- **Business Model Canvas und MVP:** Sobald sich die Idee im Kopf gefestigt hat, kann man diese mit einem Business Model Canvas schriftlich festhalten und als nächsten Schritt ein MVP erstellen. Mit den Ergebnissen aus den ersten Markttests sollte man das Business Model Canvas natürlich immer wieder anpassen.

- **Auswahl eines Co-Founders:** Ist man auf der Suche nach einem Co-Founder, der bereits eine eigene Geschäftsidee in Petto hat, sollte man sich dessen Pläne ganz genau anhören. Man sollte sich auf keinen Fall unter Druck setzen lassen und auf sein Bauchgefühl hören, ob man gut mit dem Gegenüber zusammenarbeiten kann. Die beste Geschäftsidee ist nämlich nichts wert, wenn die Chemie zwischen den Gründern nicht stimmt. Es gibt genug andere spannende Ideen, die nur auf ihre Umsetzung warten.

- **Der Anwalt:** Im Vorfeld sollte man einen Anwalt seines Vertrauens auswählen, der jedes Schriftstück überprüft. Jede Abmachung sollte vertraglich festgehalten werden.
- **Anteile:** Bei Verhandlungen über Unternehmensanteile mit seinem Co-Founder sollte man sich immer ein persönliches Limit setzen.
- **Product Market Fit:** Vor der Umsetzung sollten neue Funktionen oder Angebote immer zuerst am Markt getestet werden. So kann man sich nach dem Lean Startup-Gedanken wichtiges Feedback von den Nutzern holen und sichergehen, sein Produkt oder seine Dienstleistung nicht am Markt vorbei zu entwickeln und die Erfolgschancen erheblich zu erhöhen. So verschwendet man keine unnötige Zeit und Energie, kommt über ständige Überprüfung dem Product Market Fit immer näher und kann sofort die Reißleine ziehen, sobald die Entwicklung in eine falsche Richtung geht.
- **Seed-Investor/Inkubator-Programme:** Mit unserem Startup konnten wir einen hochkarätigen Seed-Investor mit einem großen Netzwerk an Land ziehen. Man sollte nach dem richtigen Investor/Inkubator für sein Startup Ausschau halten und sich dessen Investmentportfolio ansehen. Passt das Startup in dieses Portfolio und kann dieser Investor mit seinem Netzwerk weiterhelfen? Diese Fragen sollte man sich stellen, bevor man sich auf eine Zusammenarbeit einlässt. Ein Seed-Investor kann wichtige Türen für eine nachfolgende Finanzierungsrunde öffnen, was auch die Abgabe eines kleinen Prozentsatzes an Anteilen rechtfertigt.
- **Finanzierung und Investorenauswahl:** Hier gilt das gleiche wie bei der Wahl des richtigen Inkubators. Man muss sich fragen, ob man mit seinem Startup in den Pool des Investors passt. Des Weiteren sollte man bereits erste Kunden vorweisen und somit den Proof of Concept erbringen können, ansonsten wird es schwer werden überhaupt eine Finanzierung zu bekommen. Außerdem gilt, je besser die Zahlen, desto höher wird die Bewertung für das junge Unternehmen ausfallen.
- **Virtual Stock Options:** Als Mitgründer würde ich mich nicht mehr auf ein solches Programm einlassen. Wenn man von Beginn an mit dabei ist, sollte man als echter Gesellschafter im

Handelsregister eingetragen sein. Andernfalls hat man keinerlei Einfluss auf das Unternehmen und im Prinzip auch keine Rechte. Wenn man jedoch als normaler Mitarbeiter in einer späteren Phase zum Startup stößt, sind Virtual Stock Options eine gute Möglichkeit um auch am Unternehmenserfolg zu partizipieren.

Business Model Canvas für Elektronikvermietung

Key Partners
- Elektronikeinzelhändler zum Kauf von Produkten
- Versanddienstleister (DHL, DPD usw.)

Key Activities
- Entwicklung des Web-Shops
- Marketing
- Customer Support
- Logistikabwicklung
- Lager mit Produkten

Key Resources
- Venture Capital um die Elektronikprodukte zu kaufen
- Lager mit Produkten

Value Propositions
- Elektronikprodukte mieten statt zu kaufen und das auf Monatsbasis
- Kunde hat Flexibilität und kann Produkte „ausprobieren"
- Wechsel zwischen Produkten häufig möglich
- Neueste Produkte ohne hohe Anschaffungskosten

Customer Relationships
- Search Engine Marketing (SEM)
- Social-Media Marketing (Facebook, Twitter)
- E-mail Marketing

Channels
- Web-Shop

Customer Segments
- Early Adopters die immer die neuesten Produkte haben möchten
- Tech Nerds
- Leute die keinen Wert auf Besitz legen
- Männer unter 35 Jahren

Cost Structure
- Anschaffungskosten der Produkte
- Logistik (zB Versand oder Reinigung der Produkte)
- Personalkosten / Externes Marketing
- Bürokosten / IT-Infrastruktur

Revenue Stream
- Monatliche Mieteinnahmen durch die Produkte

Abbildung 3: Busines Model Canvas Version 2, Mai 2015[60]

Literaturverzeichnis

1   http://www.meetup.com/de-DE/Berlin-Startup-Founder-101/events/221530027/, Stand: 18.04.2017
2   First mover advantage: https://de.wikipedia.org/wiki/Zeitorientierte_Wettbewerbsstrategien, Stand: 18.04.2017
3   SpreeCommerce: https://spreecommerce.com/, Stand: 18.04.2017
4   Ruby on Rails: http://rubyonrails.org/, Stand: 18.04.2017
5   Hansson, David Heinemeier / Thomas Dave, Ruby Sam. Agile Web Development with Rails 4, O'Reilly UK Ltd., 2013
6   Minimum Viable Product: Ries Eric. Lean Startup, Redline Verlag, 2012
7   Lean Startup Movement: http://theleanstartup.com/, Stand: 18.04.2017
8   Product/Market Fit: https://en.wikipedia.org/wiki/Product/market_fit, Stand: 18.04.2017
9   WooCommerce: https://woocommerce.com/, Stand: 18.04.2017
10 WordPress: https://wordpress.org/, Stand: 18.04.2017
11 PitchDeck: https://pitchdeck.improvepresentation.com/what-is-a-pitch-deck, Stand: 18.04.2017
12 NDA: https://de.wikipedia.org/wiki/Geheimhaltungsvertrag, Stand: 18.04.2017
13 Vesting: http://www.gruenderszene.de/allgemein/finanzierungsrunden-verhandeln-gruenderszene-seminar, Stand: 18.04.2017
14 Cliff: http://startupdefinition.com/cliff, Stand: 18.04.2017
15 Accelerated Vesting: http://www.investment-and-finance.net/derivatives/a/accelerated-vesting.html, Stand: 18.04.2017
16 Dynatrace: https://www.dynatrace.de, Stand: 18.04.2017
17 Business Model Canvas: https://en.wikipedia.org/wiki/Business_Model_Canvas, Stand: 18.04.2017
18 Link zum Business Model Canvas: https://strategyzer.com/canvas/business-model-canvas, Stand: 18.04.2017
19 Udacity Kurs, How to build a startup: https://de.udacity.com/course/how-to-build-a-startup--ep245/, Stand: 18.04.2017
20 Rocket Internet: https://www.rocket-internet.com, Stand: 18.04.2017
21 Founderio: https://www.founderio.com/, Stand: 18.04.2017
22 Co-Found Berlin: http://www.meetup.com/de-DE/Co-Found-Berlin, Stand: 18.04.2017
23 Kohortenanalyse: Ries Eric. Lean Startup, Redline Verlag, 2012, S. 115
24 Python: https://www.python.org/, Stand: 18.04.2017
25 Slack: https://slack.com, Stand: 18.04.2017
26 Github: https://github.com, Stand: 18.04.2017
27 GIT: https://git-scm.com, Stand: 18.04.2017
28 Kreditech Finanzierung: https://www.kreditech.com/press_release/kreditech-secures-usd-200m-credit-facility-victory-park-capital, Stand: 18.04.2017
29 Mixpanel: https://mixpanel.com/, Stand: 18.04.2017
30 Portadi: https://www.portadi.com/, Stand: 18.04.2017
31 CSS: https://de.wikipedia.org/wiki/Cascading_Style_Sheets, Stand: 18.04.2017
32 Bootstrap Grid for Layouts https://getbootstrap.com/examples/grid/, Stand: 18.04.2017

33 HAML: http://haml.info/, Stand: 18.04.2017
34 Erlhofer, Sebastian. Suchmaschinen-Optimierung: Das umfassende Handbuch, Galileo Press, 2013
35 Domain Name System: https://de.wikipedia.org/wiki/Domain_Name_System, Stand: 18.04.2017
36 asap: as soon as possible
37 Arbeitszeiten Investmentbanker: http://news.efinancialcareers.com/de-de/197029/die-zehn-banken-mit-den-langsten-arbeitszeiten/, Stand: 18.04.2017
38 Churn-Rate: https://de.wikipedia.org/wiki/Abwanderungsquote, Stand: 18.04.2017
39 Rocket Internet Gloval Venture Development Manager: http://www.gruenderszene.de/jobboerse/aktuell/global-venture-development-manager, Stand: 18.04.2017
40 Post-money evaluation: https://en.wikipedia.org/wiki/Post-money_valuation, Stand: 18.04.2017
41 Finanzierungsrunden: https://www.fuer-gruender.de/wissen/unternehmen-fuehren/exit/start-up-finanzierungszyklus/, Stand: 18.04.2017
42 TechStartupJobs Fair: https://www.meetup.com/de-DE/TechMeetups-Berlin/events/223040294/, Stand: 18.04.2017
43 Youtrack: https://www.jetbrains.com/youtrack/, Stand: 18.04.2017
44 Shipedge: http://www.shipedge.com/, Stand: 18.04.2017
45 UN-Nummer: https://de.wikipedia.org/wiki/Liste_der_UN-Nummern, Stand: 18.04.2017
46 Depitorenmanagement: http://www.forderungsmanagement.com/glossar/debitorenmanagement, Stand: 18.04.2017
47 Trustev: http://www.trustev.com/, Stand: 18.04.2017
48 Salesforce: https://www.salesforce.com/, Stand: 18.04.2017
49 Integration Database: http://martinfowler.com/bliki/IntegrationDatabase.html, Stand: 18.04.2017
50 REST: https://de.wikipedia.org/wiki/Representational_State_Transfer, Stand: 18.04.2017
51 Never change a running system: https://en.wiktionary.org/wiki/never_change_a_running_system, Stand: 18.04.2017
52 MRT: http://flexikon.doccheck.com/de/Kernspintomographie, Stand: 18.04.2017
53 PET: http://flexikon.doccheck.com/de/Positronenemissionstomographie, Stand: 18.04.2017
54 Bürgerliches Gesetzbuch: https://de.wikipedia.org/wiki/B%C3%BCrgerliches_Gesetzbuch, Stand: 18.04.2017
55 Hockey Stick: http://www.founders-owl.de/glossar/hockey-stick-effekt/, Stand: 18.04.2017
56 Horowitz Ben. The Hard Thing About Hard Things, HarperBusiness Verlag, 2014
57 Sprint: https://de.wikipedia.org/wiki/Scrum#Sprint, Stand: 18.04.2017
58 Sprint Review: http://scrum-master.de/Scrum-Meetings/Sprint_Review_Meeting, Stand: 18.04.2017
59 Sprint Retrospektive: http://scrum-master.de/Scrum-Glossar/Sprint_Retrospective_Meeting, Stand: 18.04.2017
60 Bussiness Model Canvas: Tabelle ohne Inhalt frei nach businessmodelgeneration.com

Website:
maxmeer.de